JN260486

ディズニーを知って
ディズニーを超える
顧客満足入門

鎌田 洋
Hiroshi Kamata

プレジデント社

はじめに

ディズニーが誕生してから（一九二三年に設立）、約一世紀近くになろうとしています。

その間、紆余曲折はあったにせよ、エンタテインメント業界においてリーディングカンパニーとなっているのは、みなさんご承知のとおりです。

映画においてはピクサーを傘下において、目覚ましい躍進を見せています。最近ではウォルト・ディズニー・カンパニーのオリジナル作品『アナと雪の女王』が世界中でブームを引き起こしました。

さらにアメリカの民間放送ネットワークＡＢＣ（アメリカン・ブロードキャスティング・カンパニー）を買収して、その影響力はメディア業界にも拡大しています。

隆盛を極めるさまざまな事業の中で、大いに存在感を増しているのがテーマパーク事業です。パークはカリフォルニアやフロリダ、パリなど世界各地にありますが、現在はアジアへの集中化を進めており、二〇〇五年には香港ディズニーランド・リゾートが開園、二〇一五年には上海でもディズニー・リゾートをオープン予定です。

各地のパークのなかでも近年好調さが目立つのが、東京ディズニーリゾートです。二〇一三年度の売上高は四七三五億円で、営業利益は一一四五億円。いずれも過去最高を更新です。背景には開園三〇周年という節目のイベントがありましたが、近年は増収増益が続いており、イベントなどの短期要因がなくてもおそらく売上を伸ばしていたでしょう。


なぜ東京ディズニーリゾートは持続的成長を遂げたのか。

最大の要因は、九五%超といわれるリピート率です。リピート率九五%超ということは、来園者一〇〇人のうち九五人以上はふたたび足を運んでくれるということ。ディズニーのパーク事業は、数多くのリピーターによって支えられているのです。

では、驚異のリピート率を実現させている源泉は何でしょうか。

それは、「CS（顧客満足）」です。

ディズニーには、二回目以降はチケットが安くなるなどの割引制度はありません。

それでもリピートしたくなるのは、来園時に何かしらの感動を覚えて、またあの体験を味わいたいと思うから。つまり感動によってＣＳが高まり、それが次のリピートを引き起こしているのです。

ディズニーはどうやって顧客に感動を与えて、ＣＳを高めているのか。それを解き明かしたうえで、みなさんの会社の経営や日々の仕事に活かしてもらう。それが、この本の目的です。

書店に並ぶディズニー関連本は、パークで起きた感動のエピソードを紹介したり、（拙著、ディズニー神様シリーズも含めて）クオリティサービスやキャスト教育のシステムについて語っているものがほとんどです。それらも大いに参考になりますが、ディズニーが特別すぎて、どこか別世界の話を聞かされているような印象を持った人も少なからずいたのではないでしょうか。

大切なのは、ディズニーの話を聞いて唸ることではなく、ディズニーの事例からどの業種にも共通するエッセンスを抽出して、形式知として理解し、自社に応用して実践することです。それによって自社のＣＳが高まり、リピーターも増えるのです。

その観点から、本書ではディズニー以外のCS優良企業の事例も数多く紹介しています。エンタテインメント業界やサービス業にかぎらず、ありとあらゆる業界の方に参考にしていただけるはずです。

ちなみにCS向上は、単にリピーターを増やして売上増に貢献するだけではありません。長年お付き合いのある会社の社長が、最近、このように話していました。

「CSが向上した結果、会社の業績も大きく上向きました。でも、それ以上に驚いたのは、社員の顔が明るくなったこと。CSがよくなって、お客様から『ありがとう』の言葉をたくさんいただけるようになった。みんな、今まで以上に仕事にやりがいを感じているようです」

まさに社長の指摘通りです。顧客から評価されれば、働く人のプライドは喚起されます。CS向上はES（従業員満足）に直結して、いきいきとした職場をつくりだします。

私は一五年という短い期間でしたが、ディズニーランドで深夜の掃除の世界を体験し、ディズニーのこだわりの世界を知りました。さらに教育部門であるユニバーシティで働き、ディズニーのモチベーションマネジメントを学ぶことができました。当時の経験やその後の研究をもとに、現在はＣＳ向上のセミナーや講演活動を行っています。

本書は私のセミナーや講演の内容がかなりの部分を占めていますが、セミナーや講演では時間の制約上語りつくせない内容も盛り込まれています。

ＣＳ向上は業績アップの基本戦略であると同時に、働く人を幸せにする特効薬です。ＣＳの教科書として、ぜひ本書を活用していただけたら幸いです。

二〇一四年一〇月

鎌田 洋

目次

第3章 「仕組み」を整える

第4章 「想い」を具体化する

第5章　プライドを喚起する

第6章　顧客の期待を超える

第7章 個人の主体性を喚起する

第8章 CS向上サイクルで好循環をつくる

第9章

「ありがとう」の数だけ幸せになれる

第1章

ビジネスの原点は、人を喜ばせること

「人を喜ばせること」がビジネスの原点

どうすれば企業は売上を伸ばせるのか。

この問題が浮上するたび、企業では次のような声が飛び交います。

「営業マンを増やせばいい」

「マーケティングを見直すべき」

たしかに営業やマーケティングの強化は、売上増のための重要な対策の一つです。

しかし、営業やマーケティングにも限界があることを忘れてはいけません。

品質が悪く、購入して使用しても何の効果も得られない商品があったとします。少しくらい粗悪な商品でも、営業やマーケティングに力を入れれば一時的に売上を伸ばすことは可能です。

ところが、営業やマーケティングの効果はすぐに消えて、いずれは粗悪であることを顧客に見破られて市場から淘汰されてしまいます。営業やマーケティングは、商品やサービスの本質を市場に届ける手段に過ぎません。本質的なところで魅力がなければ、いくら営業やマーケティングを駆使しても限界があるのです。

では、商品やサービスの本質とは何でしょうか。

私は、単純に「人を喜ばせること」がビジネスの原点だと考えています。

商品なら、それを保有したり使用することで、顧客が幸せな気持ちになる。サービスならば、顧客から自然に「ありがとう」という言葉が出てくる。

そのような「喜び」をもたらす商品やサービスに人々はお金を支払い、その存在を認めるのです。

売上を伸ばしたければ、「人を喜ばせること」の質を高めて、同時に量を増やしていかなければいけません。「この商品やサービスを買ってよかった」という顧客の思いを深め、そう感じてもらえる人のすそ野を広げていくことがビジネスの王道なのです。

商品やサービスによって、顧客を喜ばせる——。

これを経営用語に言い換えると、「顧客満足」(Customer Satisfaction＝CS)になります。

顧客満足（以降、本書ではＣＳと表記します）は、一九八〇年代にアメリカで生まれた概念で、一九九〇年代に日本でも広まったといわれています。

ただ、顧客を喜ばせて価値を高めるという考えは、それ以前から「顧客志向」「お客様第一主義」といったスローガンとともに存在していました。

にもかかわらずＣＳが新しい概念として注目を集めたのは、サービス業の隆盛と関係しています。工業製品は顧客の受ける利益を定量的に示すことが比較的容易ですが（例「この冷蔵庫は、他の製品より容量が〇リットル大きい」「このデジカメの画素数が〇〇だ」など）、サービス業は定量的な評価が容易ではありません。そこでサービスを評価するものさしとして、ＣＳが広く普及したわけです。

そのせいか、日本ではＣＳをサービス業のものとしてとらえている人が多いようです。

しかし、ＣＳはサービス業だけのものではないし、顧客接点に限ったものでもありません。顧客が存在しない事業はないのだから、ＣＳはサービス業に限らずすべての業種で問われることになります。

一方、ＣＳはサービス業のものという誤解から、「にっこり笑って接客すればＣＳ

が高まる」と考えている人も少なくありません。

たしかに接客はCSを大きく左右する要素の一つです。ただ、CSに影響を与える要素は他にもいろいろあります。顧客はスタッフの笑顔だけでなく、品質や価格なども含めて、いかに自分が満足したかを総合的に判断します。つまり直接的な顧客接点がない部門も、何らかの形でCSにかかわりがあるといえます。

業種や部門に関係なく、それぞれの立場から「どうすれば顧客を喜ばせることができるのか」を考えていく。それが売上を増やす真っ当なアプローチです。

なぜCSを向上させなければならないのか

企業は、今こそ「人を喜ばせる」という原点に立ち戻るべきです。単に本質論として原点回帰を訴えているわけではありません。現実問題として、営業やマーケティングよりCS向上に企業のリソースを割いたほうが、企業が生き残る確率は高まるからです。

多くの企業は、自社の商品やサービスを売るために営業部隊を強化し、商品やサービスの認知度を高めるために広告宣伝活動を展開しています。これらは主に新規顧客を獲得するための施策といえます。

ただ、さまざまな業界で市場が成熟している時代に、新たに顧客を掘り起こし、他社から顧客を奪うのは簡単なことではありません。営業やマーケティングは必要ですが、市場が拡大している時代に比べて効果が落ちています。効果が出にくいものに多大なリソースを投入するのは、非常にリスクが高い。失敗すれば経営を揺るがすおそれもあります。

では、成熟の時代において、企業はどこに活路を見出せばいいのでしょうか。

今多くの企業が取り組んでいるのが、既存顧客の囲い込みと深掘りです。すでに商品を買ったことのある顧客、あるいはサービスを経験した顧客に自社のファンになってもらい、リピートしてもらったり、自社が持つ他の商品への横展開を狙うのです。

企業が既存顧客の囲い込みや深掘りに一生懸命なのは、一般的に既存顧客を相手にしたほうが売上をつくりやすいからです。

自社の商品やサービスを知らない人に対して、その魅力を伝えて購買行動を起こさせるまでには、越えなくてはいけないハードルがいくつもあります。一方、既存顧客は自社の商品やサービスの中身を知っているので、少なくても最初の関門は突破しています。同じ金額を売り上げるなら、自社のことを何も知らない層にアプローチするより、既存顧客に働きかけたほうがずっと簡単です。そのため、今各社は既存顧客を大事にしているのです。

企業が既存顧客を重視していることは、自分の財布の中身をチェックすればわかると思います。

みなさんの財布の中には、おそらく数多くのポイントカードが入っているはずです。ポイントカードの発行は、既存顧客の囲い込みのために使われるマーケティング手法の一つ。昔からポイントカードを発行する企業は少なくありませんでしたが、今ではどの店に入っても、「カードをおつくりしましょうか」と声をかけられます。一度来てもらった顧客に再度来店してもらおうと、各社とも必死なのです。

既存顧客の囲い込みや深掘りは、今企業にとって最優先の課題です。

では、既存顧客にリピートしてもらうためには何が必要でしょうか。

もちろん既存顧客に向けて営業したり、ポイントカードの発行のようなマーケティング施策も有効です。

しかし、それ以上に大切なものがあります。

それが「CS」です。

何しろ既存顧客は自社の商品やサービスを一度経験しています。その経験が喜びをもたらすものであれば、顧客のほうから「また感動を味わいたい」と近づいてきてくれます。CSが高ければ、軽妙な営業トークや、お金がかかるマーケティング施策に精を出す必要はありません。商品やサービスを通して、顧客に喜びを感じてもらえるかどうか。既存顧客に対しては、それが最強の営業やマーケティングになります。

ただし、CSは諸刃の剣です。広告宣伝でいくら立派なことを言っていても、実際に購入・利用した顧客の期待を裏切れば、リピートしてもらえないばかりか、口コミで悪評が広がっていくかもしれません。良くも悪くも、CSが既存顧客の次の行動に与える影響は大きいと考えてください。ちなみに消費者行動分析の専門家であるジョン・グッドマンは、好意的な口コミは一人が四〜五人に、非好意的な口コミは九〜一〇人に伝えるという法則を発見しました。この法則からも、顧客の期待を裏切るこ

図1｜ジョン・グッドマンの法則

- **口コミの波及効果**（1人のお客様が何人に話をするか）

  好意的な口コミ 4~5人

  非好意的な口コミ 9~10人

  20人以上に伝える人 12.3%

- **苦情処理の満足度と再購入**

迅速に解決した場合	再購入率 82%
不満だった場合	〃 19%
申し立てしなかった場合	〃 9%

とがいかに大きいか、おわかりいただけるでしょう。（※図1参照）

ここまでのところを簡単におさらいしてみましょう。

市場が成熟した時代においては、新規顧客の獲得より、既存顧客との関係づくりが企業存続の鍵を握っています。

既存顧客を自社のファンにできるかどうかは、営業やマーケティングより、CSの影響が大きい。顧客を喜ばせることはビジネスの原点ですが、今の経営環境を考えても、企業はCS向上に最優先で取り組むべきなのです。

ディズニーのリピート率は九五％を遥かに超える

かつて私が働いていた東京ディズニーランド（現東京ディズニーリゾート）は、ＣＳが高いことで有名です。公益財団法人の日本生産性本部は毎年、独自に調査を行ってＪＣＳＩ（日本版顧客満足度指数）を発表していますが、二〇一三年度の調査で、東京ディズニーランドは三八四企業中、一位になりました。ディズニーランドのＣＳの高さは、第三者機関のお墨付きです。

一方、ディズニーランドはリピート率も卓越しています。ディズニーランドに来園した顧客のうちもう一度訪れる顧客は、九五％以上にのぼります。つまり一〇〇人いれば九五人以上の人がふたたび足を運ぶわけです。

三八四企業中一位というＣＳの高さと、リピート率の高さは無関係ではありません。ＣＳが高いからこそ、「また行きたい」という気持ちが生まれて次の来園につながっていきます。

図2｜顧客満足度：上位11社

順位	点数	企業・ブランド名	業種・業態名
1	86.8	東京ディズニーランド	エンタテインメント
2	86.1	劇団四季	エンタテインメント
3	83.7	帝国ホテル	シティホテル
4	82.8	宝塚歌劇団	エンタテインメント
5	82.7	オルビス	通信販売
6	81.4	リッチモンドホテル	ビジネスホテル
7	81.1	コープ共済	生命保険
8	80.7	ドーミーイン	ビジネスホテル
9	80.5	ヨドバシ.com	通信販売
10	80.4	都道府県民共済	生命保険
10	80.4	ホテルオークラ	シティホテル

出典・2013年度JCSI（日本版顧客満足度指数）

ディズニーランドのリピート率は、あくまでも私の見解ですが、景気が悪いときほど高くなります。

一般的に景気が悪くなると、人は遠出を控えるようになり、観光業の売上は落ちていきます。ディズニーランドの場合も、景気悪化に伴って遠方から観光バスツアーでやってくる顧客は減りました。

ところがその一方で、関東近県で三五〇〇万人いるといわれる既存ユーザーは、景気が悪い時期ほどリピートしてくれます。近場のユーザーは「沖縄やハワイに行く余裕はないから、日帰りか一泊でディズニーランドにいこう」と考えて、ディズニーランドにやってくるのです。安・近・短そのものです。

近場には、ディズニーランドの他にもさまざまな娯楽施設があります。その中でディズニーランドを選んでリピートしたのは、やはりCSが高いからでしょう。

近場のユーザーがリピートしてくれたおかげで、ディズニーランドは景気低迷期においても、その影響を最小限に抑えることに成功しました。二〇一三年度は開園三〇周年という節目でキャンペーンを行ったこともあって、売上は大幅に伸びて、営業利益率は二四・二%という驚異の水準を達成しています。

成熟市場では既存顧客をどれだけつかんでいるかが重要だと指摘しましたが、まさにディズニーランドは既存顧客に支えられて成長を続けているわけです。

CSを高める6つのポイント

ディズニーランドの他にも、世の中にはCSの高い企業はいろいろあります。

みなさんが消費者として製品を購入したりサービスを利用したときに、「またこの会社の製品を買おう」「次もこの店にしよう」と感じることは多々あるはずです。消費者にそう思わせた企業は、規模の大小や業種に関係なく、すべてCS優良企業といえます。

気になるのは、それらCS優良企業がどうやって顧客に喜びをもたらしているのかということです。

残念ながら、顧客に笑顔であいさつすれば向上するというほどCSは単純ではありません。顧客接点は、「原因」というより「結果」に近いものです。CS優良企業はCSという果実を得るために、地中に深く根を張り、幹に栄養を送り続けます。そうした地道な活動の積み重ねが顧客接点で結実して、顧客に満足をもたらします。きちんと木が育てば、実はさらに大きくなり、顧客に感動をもたらし、さらには顧客をとりこにします。（※次ページ図3参照）

私たちは実った果実に目を奪われがちですが、注目しなければいけないのは地下の活動です。根が丈夫であれば、外部環境の影響で一時的に実がならなくても、また美味しい実を結ぶことができます。

図3｜CSからCD、そしてCLへ

CS=Customer Satisfaction	
顧客満足	納得（当たり前）
CD=Customer Delight	
顧客感動	感動（期待を超える）
CL=Customer Loyalty	
顧客ロイヤリティー	囚われる（サポーター）

それでは、ＣＳ優良企業は土の下で何を行っているのでしょうか。

ディズニーをはじめとしたさまざまなＣＳ優良企業の取り組みを分析していくと、ＣＳ向上につながる要素が六つあることが浮かび上がってきました。

①理念・哲学を伝える

ミッションをフロントラインにまで理解させる。ＣＳ優良企業は、顧客起点で経営理念やビジョンを描き、それを従業員が自分のものとして共有している。

② 仕組みを整える

ミッションが浸透するシステムを考える。顧客を喜ばせることを現場任せにしない。CS向上につながる仕組みを組織として整えて、現場に提供している。

③ 絵に描いた餅に終わらせない

ミッションをより具体化するように努力する。顧客主義を掲げる企業は多いが、それが単なるお題目になっていては顧客の心を動かすことはできない。CS優良企業は、顧客を喜ばせたいという想いに必ず「行動」が伴っている。

④ プライドを喚起する

自分たちの商品やサービス、組織に誇りが持てる。CS優良企業は、ES(Employee Satisfaction＝従業員満足)が高い。自分たちの商品やサービス、働く姿勢に自信を持っているからこそ、顧客に感動をもたらすことができる。

⑤真のニーズを読み取る

潜在的な〝Ｗａｎｔ〟を察知し、提案する。顧客の要求水準は高いが、それを満たすだけではＣＳは高まらない。ＣＳ優良企業は、顧客の要求水準を超える、あるいは顧客自身が気づいていなかったニーズに応えることで、感動を生み出している。

⑥個人の自立を促す

個々人が主体性を発揮する文化。従業員を企業の構成部品とみなして、あらかじめ決まった行動をさせるマニュアル対応型企業からは感動が生まれにくい。ＣＳ優良企業は現場で働く一人一人の主体性を尊重している。

ＣＳが高い企業の多くは、これらの六つの要素を満たしています。顧客から直接目に見えないところでこれらの要素を追求しているから、顧客接点の場面で顧客を感動させ、「何度でもリピートしたい」と思わせることにつながっていくのです。

ＣＳ優良企業は、それぞれの要素についてどのような取り組みをしているのか。次の章から詳しく見ていくことにしましょう。

第2章

理念・哲学を伝える

なぜディズニーではゲスト同士が仲良くなるのか

ディズニーシーの人気アトラクション、「ヴェネツィアン・ゴンドラ」をご存じでしょうか。水の都、ヴェネツィアを模した美しい街並みを見ながら、ゴンドラに乗って運河を周遊するアトラクションです。運河からの風景は、じつにロマンチック。スリルあふれるアトラクションとは違って、心を穏やかにしてくれます。

このゴンドラでよく見られるのが、カップルや家族が他のお客さんに頼んで写真を撮ってもらう光景です。

地上ではキャストに撮影を頼む人が多いのですが、ゴンドラの上にいるのは、細い櫂で船を操るゴンドリエだけです。彼らは手を離すわけにいかないし、そもそも彼らを背景にして写真を撮りたいというゲストが少なくありません。またカップルや家族がお互いに撮ろうとしても、隣に座っていて近すぎるために引いた絵が撮れません。

そこでゲストの多くは、向かいの人に声をかけて写真を撮ってもらいます。

おもしろいのは、その後です。写真を頼まれたカップルや家族も同じ問題を抱えているので、「次は私たちを撮って」と写真を頼みます。そうやっていつのまにか写真大会が始まり、ゴンドラ内がにぎやかになっていきます。

私は、この光景が大好きです。ゴンドラに乗るまでは、ゲストはお互いに知らない人同士です。ところが写真撮影をきっかけにコミュニケーションが生まれて、いつのまにか仲良くなってしまう。これはとても素敵なことだと思います。

ところで、ゲスト同士が仲良くなる現象は偶然生まれたものでしょうか。

答えは、ノーです。すべて計算ずくでやっているわけではありませんが、ディズニーはみんな仲良くなれる環境を意図的につくっています。

ディズニーの創始者ウォルト・ディズニーは、次の言葉を残しています。

「科学技術が進めば進むほど、人々は孤独になり、分離する。

私は人々が互いに感動し、心がひとつになる場所をつくりたいんだ」

みんなの心がひとつになる場所をつくりたい――。

これがディズニーの原点であり、その「想い」は各アトラクションに反映されています。

たとえば東京ディズニーランドの「蒸気船マークトウェイン号」は航行中、「ウエスタンリバー鉄道」とすれ違います。一般的なテーマパークではスタッフがお客さんに手を振ることが多いようですが、ディズニーではゲスト同士が手を振りあいます。たまたまそうなったわけではありません。みんなの心をひとつにしたいという想いが原点にあるからこそ、それがアトラクションの設計や演出に活かされて、ゲストが自然に手を振るようになるのです。

どうして、このような話をしたのか。それは、企業の「想い」が商品やサービスを決定づけ、最終的にCSに影響を及ぼすからです。

企業の想いは、建物でいえば基礎にあたります。表からは見えないかもしれませんが、根底から企業を支えています。商品やサービスは、その上に乗っかる柱や梁に過ぎません。商品やサービスによって顧客が感動するのも、根底に企業の想いが存在しているからです。

ときには、表面だけを取り繕った商品やサービスが顧客にウケることもあります。

しかし、想いがベースにない商品やサービスは非常にもろく、一時的に人気を博すことがあっても長続きしません。顧客に長く、そして深く愛されるためには、想いが必要不可欠です。

例を一つあげましょう。

スターバックスにいくと、私たちは心地よい時間を経験することができます。自分好みにカスタマイズできるコーヒーはもちろん、センスが良く落ち着いた内装や、会話や読書を邪魔しない音楽、明るくも押しつけがましくない接客など、あらゆる要素が心地よさにつながっています。

これらの要素は、それぞれがバラバラに存在しているわけではありません。すべてに貫かれているのが、スターバックスの「想い」です。

スターバックスのホームページを見ると、次のミッションが掲げられています。

「To inspire and nurture the human spirit——
One person,one cup,and one neighborhood at a time.」

（人々の心を豊かで活力あるものにするために――
ひとりのお客様、一杯のコーヒー、そしてひとつのコミュニティから）

スターバックスは、完成されたコーヒー、内装や音楽、接客を、どこかよそから持ってきたわけではありません。「顧客の心を豊かで活力あるものにする」という想いのもとに商品開発や店舗の設計、従業員の教育が行われて、その結果として洗練された商品やサービスが表出しています。

スターバックスの成功以降、雰囲気がよく似たコーヒーチェーンが続々と登場していますが。二番煎じだからオリジナルに必ず劣るというわけではないですが、なかにはスターバックスの表面的なところだけを真似て、ベースになる想いが伝わってこないチェーンもありました。

根底に想いがなければ、コーヒーや内装、音楽、接客などの個々の要素がいくら洗練されていても、どこかでニセモノ感が出てしまいます。日本でいまだにスターバックスを超えるコーヒーチェーンが出てこないのも、そのあたりに原因があると私は分析しています。

大切なのは、確固たる想いが原点として存在しているかどうか。それが、CS優良企業とそうではない企業を分ける最初の岐路になります。

企業の想いは経営理念に集約される

CSを高めるための取り組みは、自分たちの「想い」を明確にすることから始まります。

では、企業の想いとは、いったい何でしょうか。

私なりに定義すると、企業の想いとは、自分たちは事業を通して何をしたいのかという願いのことです。たとえばイノベーションを起こして世の中をびっくりさせたいとか、質のいいサービスを提供して消費者の生活を豊かにしたいという企業もあるでしょう。その中身はさまざまですが、その企業が抱く願いを本書では「想い」と呼ぶことにします。

図4｜ミッション（経営理念・企業理念）

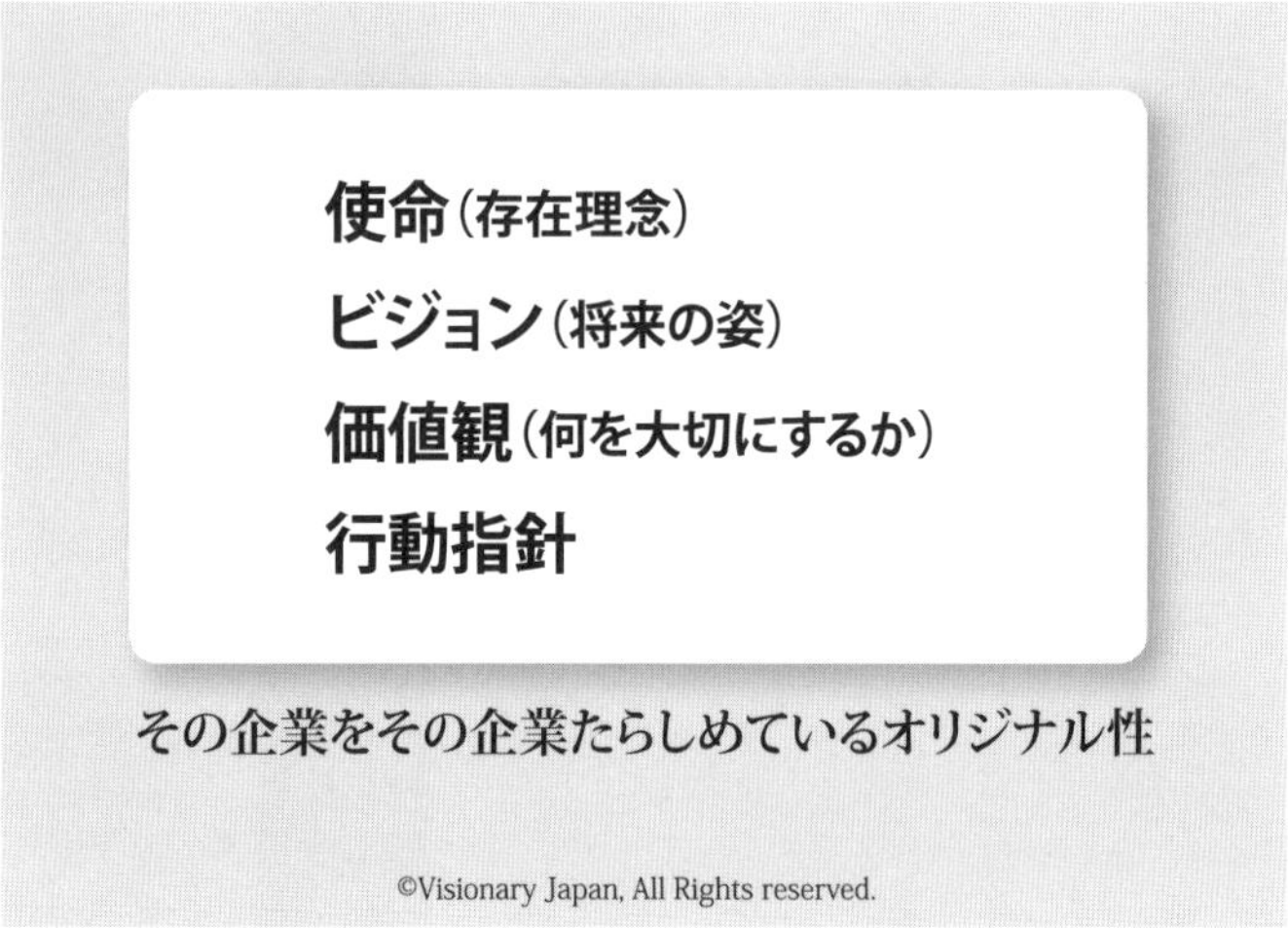

通常、企業の想いは、「経営理念」や「企業理念」という形で表されます。さらに理念としてひとまとめに示すのではなく、いくつかの要素に砕いて表されることもあります。

たとえば、「ミッション（使命）」も、企業の想いの一つと言えるでしょう。何のために自社は存在して、何のために事業を行うのか。その目的がミッションとなります。

一方、ミッションを達成した先の理想像が「ビジョン」です。ビジョンは、自社が目指すゴールです。ここがブレると、企業は迷走を始めます。

さらに、自社が大事にしている「価

値観」や、価値観を具体的な行動に落とし込んだ「行動指針」も、広い意味で経営理念を構成する要素の一つといえます。（※図4参照）

ミッションは顧客を起点にして考える

ＣＳ向上のためにはそれぞれの要素が明確になっていることが望ましいですが、なかでも欠かせないのは「ミッション」の明確化です。

ミッションは、企業の存在理由です。ミッションなき企業は、事業活動を続ける理由がありません。厳しいことをいうようですが、目的もなく惰性でビジネスをするだけならば、ただちに事業を整理して市場から退場すべきです。

もちろんミッションがあっても、取ってつけたようなお飾りのものでは意味がありません。なかには勢いで起業した後、「こういうミッションを掲げればそれらしく見える」といって、どこかで見たようなミッションを掲げる経営者もいます。しかし、借り物ではすぐにメッキが剥げて失速してしまいます。

場合によっては、目的が定まらないまま起業することもあるでしょう。
ただ、その場合も、早い段階で一度立ち止まって、自社のやりたいこと、やるべきことを突き詰めたうえでミッションを明確にしていく必要があります。自社の存在理由を明らかにしてこそ、企業は前に進んでいくことができます。

では、ミッションが明確ではない企業、あるいはミッションがあっても深く考えないままつくって放置している企業は、手始めにどうすればいいのでしょうか。

ヒントにしていただきたいのは、マネジメントの神様、ピーター・ドラッカーの言葉です。ドラッカーは著書『マネジメント』の中で、企業のミッションについてこう言及しています。

「企業の目的と使命を定義するとき、出発点は一つしかない。
顧客である。
顧客によって事業は定義される。
事業は、社名や定款や設立趣意書によってではなく、顧客が財やサービスを購入することにより満足させようとする欲求によって定義される。顧客を満足させることこそ、企業の使命であり目的である。」

ドラッカーの指摘は的確です。顧客に喜びをもたらすことがビジネスの原点ですから、自社のミッションも顧客起点で考えるべきです。顧客を無視して自社のやりたいことだけを深掘りしても、市場に存在を認められるミッションは生まれてきません。顧客から発想をスタートさせてこそ、自社の存在理由を明確にできます。

顧客起点でミッションを考えると、自社のオリジナリティが反映されず、どこの企業も似たり寄ったりになってしまうのではないか、と心配する人もいるかもしれません。

しかし、顧客起点で考えることは、必ずしも自社らしさを失うことを意味しません。

ドラッカーは、続けてこう言っています。

「したがって『顧客は誰か』との問いこそ、個々の企業の使命を定義するうえで、もっとも重要な問いである。」

同じ顧客起点でも、誰を顧客とするのかは、企業によって異なります。さらに同じ顧客をターゲットにしても、ある会社はその層に「感動」を届け、また別の会社は「安心」を届けようとするかもしれません。その方法についても、各社の強みによっていろいろと違いがあるでしょう。実際、企業セミナーの中で誰が顧客か、という問いかけをすると、同じ職場でありながらバラバラの答えが上がってくる場合があります。

顧客起点で考えても、誰に何をどのように提供するのかは企業しだいです。ミッションにも、自社らしさを反映させる余地は十分にあるのです。

ビジョンと戦略を混同してはいけない

企業はミッションとともに「ビジョン」を明確にする必要があります。

ビジョンは、自社が目指すべき将来像、理想像です。目指すべきゴールが明確ならば、現状で何が足りないのかという課題や、足りないものをどうやって埋めるのかという手段が見えてきます。ビジョンを明確にする意味は、そこにあります。

ところが、世の中にはビジョンが明確でない企業が意外に多いようです。ビジョンが曖昧だと、従業員はどこに向かって頑張ればいいのかよくわからなくなります。これでは空回りするばかり。まずはビジョンを明確にすることが大切です。

一方、「うちはビジョンが明確だ」という企業も安心はできません。というのも、「戦略」をビジョンと混同しているケースが少なくないからです。

ビジョンは自社が目指すべきゴールです。それに対して、戦略は、ゴールにどのようにしてたどり着くのかという手段を指します。

メガネ業界に革命を起こしたブランド「J！NS」を例に説明しましょう。J！NSを手がけるジェイアイエヌの田中仁社長は、「視力のいい人も含めて、国民すべてにメガネを普及させる」という想いを抱いています。これは同社が目指すゴールです。

一方、このゴールに到達するために、J！NSは「新機能のメガネを低価格で提供し続ける」ことを選びました。これはビジョンを達成するためのルート、つまり戦略です。

Ｊ！ＮＳは、この戦略に則って、究極の軽いフレームやＰＣ用メガネを開発しました。とくにＰＣ用メガネは、「視力は悪くないが、目を保護したい」という顧客の潜在的ニーズを掘り起こしてヒットしました。新機能のメガネを提供することで、「国民すべてにメガネを」というビジョンの実現に向けて一歩前進したわけです。

このように、企業が目指すべきゴールとしてビジョンがあり、そこに到達するための手段として戦略が存在しています。

ところがこの二つを混同して、戦略をビジョンとして掲げている企業が少なくありません。

たとえば「安値日本一を目指す」とビジョンを掲げている企業を見かけますが、厳密にいうと、あれはビジョンではなく戦略です。

どうして、この二つを混同してはいけないのか。本来、「安値日本一」は何かを実現するための手段であり、その先に実現したい世界があるはずです。しかし、手段をゴールとして設定してしまうと、最終的に目指したいものが見えなくなり、いずれは安く売っただけで満足するようになるおそれがあります。これでは本末転倒です。

正しい手段を選べば結果的に正しい場所にたどり着くのだから、ビジョンと戦略を厳密に分ける必要はないという見方もあるかもしれません。

しかし、その考え方は危うい。ビジョンは簡単に変わらないが、戦略は状況によって変化しうるからです。

たとえば「安値日本一」の先に、本当は「所得に関係なく誰でもAという商品を使える豊かな社会をつくる」というゴールがあったとしましょう。

Aを広く普及させるには、たしかに安値で販売することが有力な手段の一つです。

しかし、Aを普及させる手段は他にもあります。たとえば買ってもらうのではなくレンタルにすれば、もっと気軽に使えるようになるかもしれません。また本当に社会に必要とされているものならば、国や自治体から購入にあたって補助を出してもらうという方向も考えられます。実際、住宅用の太陽光発電システムは助成金がありますし、保育サービスの利用に補助を出す自治体もあります。

いずれにしても安値での販売は、複数ある選択肢の中の一つに過ぎません。環境が変われば、他の選択肢のほうがゴール到達に効果的になることも十分にありえます。

ところが、「安値日本一」という戦略をビジョンのように掲げている企業は、安値で売ることがゴールだと思っているため、環境が変化しても柔軟に対応できません。他にもっといい手段があっても、相変わらず安く売るだけです。


山登りにたとえるなら、ビジョンは山頂であり、戦略は登山道です。

通常、山頂に至るルートはいくつもあり、登りやすいルートも季節や天候によって変わってきます。また一般的に登りやすいとされているルートがあっても、自分の経験やスキル、体力によっては別のルートを選んだほうがいい場合もあります。

大切なのは、まず自社が登る山を定めることです。ルートの選択は後から柔軟に考えることが可能ですが、登る山が決まらないことにはルートの検討もできません。とりあえず登り始めたが、どの山を登っているのかわからないという状況に陥らないよう、くれぐれも注意が必要です。

みんなで「想い」を共有する

経営理念やミッション、ビジョンといった企業の想いが明確になったら、次はそれを従業員みんなで共有することが大切です。

企業としてミッションやビジョンが存在していても、従業員が「自分は関係ない」という姿勢で働いていたら、CS向上に寄与しないことは明らかです。

また、社内で一部の人間だけがミッションやビジョンを理解しているという状況もよくありません。全員が同じ「想い」を共有してこそ、CSは高まっていくものだからです。

次のようなアパレルショップをイメージしてください。

ある従業員は、顧客の個性を引き出すコーディネートを提案することが顧客の喜びにつながると信じています。別の従業員は、服選びの時間そのものを楽しんでもらえるように遠くから見守ることがスタッフの役目だと考えています。二人とも顧客を喜ばせることを考えている、立派な店員です。

しかし、想いが強ければいいというわけではありません。積極的な提案をする店員に感動した顧客は、次の来店時も、同じ方向性の接客を期待します。ところがもう一人の店員の接客に困惑して、期待を裏切られたと思うかもしれません。つまり、一人一人の想いは強くても、方向性が異なるためにお互いに足を引っ張る形になり、むしろCSの低下を招きかねないのです。

こうしたケースで従業員を責めるのは間違っています。顧客に喜びをもたらしたいという気持ちを持つことは褒められるべきことですし、それを実現する方法として二人のやり方はどちらもありえます。

問題は、企業としての想いを明確に打ち出して、それを従業員に浸透させなかったマネジメント側にあります。

もしこのアパレルショップのミッションが「新しい服飾文化を創造する」ことだったら、提案型の接客のほうがミッションの実現にふさわしいでしょう。一方、ミッションが「顧客に快適な時間を提供する」ことならば、一歩引いたソフトセルのほうが目的に合致します。

いずれにしてもミッションを従業員間で共有できていれば、接客の方向性による混乱は起きなかったはずです。想いはみんなで共有してこそ、最大の効果を発揮するのです。

ディズニーでは、短期のアルバイトもミッションを共有

ＣＳ優良企業は、従業員に自社の想いを共有してもらうことの重要性をよくわかっています。

身内の話に少々おつきあいください。私は一七年前にディズニーから離れましたが、ディズニー好きの遺伝子は子にも引き継がれたらしく、大学生になった娘が夏休みを利用して、ディズニーシーのキャストのアルバイトをすることになりました。

ディズニーのキャストは、現場で働き始める前に、ユニバーシティという教育部門が行う導入研修を必ず受けることになっています。わが娘も例外ではなく、最初にこの研修を受けました。

ディズニーで働いていたころ、私はユニバーシティでマネジャーをしていた時期がありました。はたして、古巣は今どのような教育を行っているのか。興味を引かれた私は、研修から帰ってきた娘に内容を聞いてみました。

「今日はどんな研修を受けてきたの？」

「ディズニーの歴史を一時間かけて教えてくれたよ。お父さん、知ってた？　世界で初めて声の出る漫画映画を上映したのはウォルト・ディズニーなんだって」

そのことは当然知っています。何を隠そう、ユニバーシティマネジャー時代にそのテキストの制作に携わっていたのですから。

ただ、「そんなことは知っているよ」と言えば、得意げに話していた娘の口は重くなるでしょう。何も知らないふりをして先を促すと、彼女は研修で教わったディズニーの歴史や文化、価値観などについていろいろと話してくれました。

話を聞く限りでは、私がいたときと内容は基本的に変わっていないようです。そのことに安心しつつ、最後にこう聞いてみました。

「ところで、おまえはディズニーでどんな役割を担うんだ？」

すると、彼女はこう答えました。

「『We Create Happiness』だよ。遊びにきてくれたゲストをハッピーにすることが私の役目なの」

We Create Happiness——（ハピネスへの道つくり）——。

これはディズニーのもっとも根本的な理念であり、いついかなるときにも忘れてはいけないミッションです。その思想は、アトラクションの設計からキャストの対応、裏方の掃除に至るまで、ディズニーが提供するものすべてに貫かれています。本書でもディズニーが顧客に感動をもたらした事例をいくつか紹介していますが、その出発点は「We Create Happiness」です。

ただし、ここで強調したいのは、「想い」の中身のことではありません。注目してほしいのは、短期のアルバイトにも、想いの共有を求めて教育を行っている点です。

教育には、必ずコストがかかります。研修や教材の費用はもちろん、企業は従業員が教育を受ける時間に対しても人件費を支払わなくてはいけません。それでも教育を行うのは、人が成長して企業に利益をもたらしてくれるからでしょう。

しかし、対象が短期アルバイトの場合はどうでしょうか。

教育期間が短いと教育効果があらわれにくいし、教育によって何らかの成長をしたとしても、それを現場で発揮する前に退職時期がきてしまう可能性があります。そのため短期アルバイトに対して、「どうせすぐいなくなるのだから」といって教育を放棄するか、最低限の教育に留めてお茶を濁す企業が少なくありません。

ところがディズニーは、短期間だから無駄とは考えません。キャストとして働くためにはディズニーの理念を共有することが絶対に欠かせない条件だと考え、たとえ短期のアルバイトであろうと必ず教育を行っています。

ＣＳの観点からいうと、この考え方は正解です。

顧客にとって、目の前のキャストが新人であるかベテランであるかは関係ありません。多くの顧客にとって、ディズニーへの来園は数年に一度程度しかないイベントです。にもかかわらず、たまたま新人キャストに当たって期待を裏切られ、「新人なので、われわれのミッションを理解していませんでした」と弁明されたらたまったものではありません。

ディズニーランドでの時間をかけがえのないものにしてもらうためには、そこで働く人すべてにディズニーの想いを理解してもらう必要があります。そのことをよくわかっているから、短期間しか働かないキャストに対してもユニバーシティ教育を行うのです。

ちなみにウォルト・ディズニーは次のような言葉を残しています。

「人は誰でも、世界中でもっとも素晴らしい場所を夢に見、想像し、デザインし、建設することはできるが、それを現実のものとするのは人である」

これは、顧客に感動を与えるためにどれほど立派なものをつくっても、最後にものをいうのは人だという意味です。

ディズニーで働く人にとってはおなじみの言葉ですが、わが娘もこの言葉をソラで言えました。

娘はとくに記憶力に優れているわけではありません。にもかかわらずすぐに覚えてしまったのは、目にする機会が多かったからでしょう。この言葉は、ユニバーシティルームという研修施設のロビーに目立つように記してありますし、テキストの一番後ろにも書かれています。何度も目にするうちに自然に吸収したようです。

短期のアルバイトにも、このようにさまざまな仕掛けで「想い」の共有を進めていく。それがディズニーのCSを高める要因の一つになっています。

翻って、みなさんの会社はいかがでしょうか。

最近は、コールセンターを派遣会社に委託する会社が少なくありません。それ自体はいいのですが、顧客と最初に接点を持つ彼らにその企業の想いを伝えていないとしたら、それは自殺行為そのものです。スタッフとの契約関係にかかわらず、想いの共有化が大事であることを忘れないでください。

「想い」は、わかりやすく表現する

企業の「想い」である経営理念を従業員に共有してもらうには、まず経営理念自体がわかりやすいものでなければいけません。

率直に言って、日本の企業が掲げる経営理念は小難しくて、わかりにくいものが多いと思います。たとえば中国の古典から引いてきたような難解な四字熟語を掲げてみたり、一読しただけでは覚えられない長い文章を何カ条も並べていたり。これではいくら理念の中身がすばらしくても、従業員には伝わらないでしょう。

それに対して、グローバルな企業が掲げる理念はシンプルで、わかりやすいものが多いように思います。

たとえばグーグルがそうです。グーグルは「一〇の事実」という基本理念を掲げていますが、どれも表現はシンプルです。実際に、いくつかを抜粋してみましょう。

「ユーザーに焦点を絞れば、他のものはみな後からついてくる」
「遅いより速いほうがいい」
「悪事を働かなくてもお金は稼げる」

これらの理念が示すメッセージは明確です。だから誰にでも理解ができるし、人によって解釈が違って誤解が生じる危険も小さい。少なくても、表現のわかりにくさによって共有が妨げられることはないはずです。

ｉＰｈｏｎｅで世界を席巻したアップルの理念も明快です。じつはアップルには、明文化されたミッション・ステートメントがありません。ただ、アップルと聞くと、次の言葉を思い浮かべる人が多いと思います。

「Ｔｈｉｎｋ　ｄｉｆｆｅｒｅｎｔ」

これはアップルが一九九七年に展開した広告のコピーで、世界中で話題になりました。オフィシャルな経営理念ではありませんが、既成の概念に縛られずにユニークネスを追求する同社の「想い」が見事に示された名コピーだと思います。

このように、世界のＣＳ優良企業は、自社の想いをシンプルに表現する傾向があります。

背景にあるのは、おそらく社内の多様性です。〝人種のるつぼ〟といわれるアメリカにかぎらず、いまや多くの国で移民政策が進められ、言語や文化の違う人たちが同じオフィスで働くことが珍しくなくなりました。

バックグラウンドが異なる人々に向けて想いを伝えるとき、複雑で難解な表現は効果的でありません。求められるのは、その国のネイティブでなくても理解できる平易さです。それゆえグローバル企業の理念はシンプルでわかりやすいものが多いのです。

わが社は日本人ばかりだから関係ない、というのは間違いです。たしかに日本の企業は均質的で、従業員の教育水準は海外に比べてバラツキが少ないでしょう。しかし、メッセージはシンプルなほうが伝わりやすく、浸透しやすいという基本は、日本人が相手でも同じです。

想いが強いと、人は饒舌になりやすいものです。経営理念をたくさんの言葉で飾ってしまうのも、経営者の想いの強さの裏返しなのかもしれません。

しかし、その結果、想いがわかりにくいものになり、従業員に伝わらなければ意味がありません。想いはシンプルに伝えること。それが鉄則です。

「子どもがポップコーンを落としても食べられるように」

想いをわかりやすく伝えるという点では、ディズニーは相当に優秀です。

先に紹介した「We Create Happiness」も、じつにシンプルな表現です。英語が苦手で学生時代は赤点だった人も、おそらく「お客様の気分をよくすることが使命なのか」と理解できるはずです。

ディズニーの表現は、わかりやすさに加えて、人の心を揺さぶる巧みさがあることにも注目してほしいと思います。

「We Create Happiness」を一般的な言い方で言えば、「顧客主義」「顧客志向」（英語なら「Customer First」）という表現になるでしょう。

しかし、それらの言葉は使い古されていて、どこかマンネリを感じさせます。それより「We Create Happiness」と言われたほうが、心にグッとくるものがないでしょうか。その日本語表現である「ハピネスへの道つくり」も同様で、コピーに込められた思いがひしひしと伝わってきます。

表現のわかりやすさは、「想い」を共有するための第一の条件です。しかし、言葉を受け取る人の心に響かなければ、右から左に素通りしていくおそれがあります。わかりやすさにプラスして、表現に一工夫することもまた重要なのです。

もう一つ、例をあげましょう。

私が好きなディズニーの考え方の一つに、「毎日が初演」というものがあります。ディズニーではスタッフをキャスト、お客様をゲストと呼びます。その延長で考えると、職場はキャストが出演するステージです。なかには仕事に慣れてきてマンネリを感じているキャストがいるかもしれませんが、職場をステージとしてとらえると、惰性で働く姿をゲストに見せるわけにはいきません。キャストは、毎日新鮮な気持ちで全力を尽くさなくてはいけません。それをディズニーは「毎日が初演」と表現しています。

「毎日が初演」が浸透しているのは、ゲストと接するキャストばかりではありません。ディズニーではゲストが帰った後、カストーディアルが夜を徹して園内の掃除を行います。毎晩、大掃除をするのは「毎日が初演」だから。カストーディアルは「ここで手を抜いたら後悔するのではないか」という気持ちで毎夜、掃除に励んでいます。

ディズニーでは、どうして裏方にも価値観が浸透しているのか。それは表現の巧みさと無関係ではありません。

常に新鮮な気持ちを持って全力を尽くすことをわかりやすく伝えようとすれば、

「初心忘るべからず」ということわざでもいいでしょう。ただ、このことわざは昔から耳にタコができるほど聞いてきただけに、いまさらピンとこないところがあります。心に届きやすいのは、やはり「毎日が初演」のように一ひねりきいた表現のほうです。

ちなみに日本では、「初心忘るべからず」のように、「〜べからず」あるいは「〜すべし」といった表現で理念を掲げている企業が少なくありません。

こうした表現は上から押し付けられた印象を与えて、「想い」の共有をかえって妨げてしまいます。説教めいた表現は、できるだけ避けたほうがいいでしょう。同じ目線から語りかける表現のほうが、共感を得やすいはずです。

人に「想い」を伝えるときは、わかりやすく、かつ心を揺さぶる表現を心がけるべきです。私がそのことを強く感じたのは、掃除に関するウォルトの言葉を聞いてからです。

私は五回目の挑戦で、オリエンタルランドへの転職が叶いました。最初に任された仕事は「カストーディアル」、つまり園内の掃除です。立場はトレーナー兼スーパーバイザー。しかし、私には人を教えるスキルもなければ、経験もありません。

そこでアメリカからやってきたのが、ディズニーで初代清掃マネジャーを務めた〝掃除の神様〟、チャック・ボヤージンさんでした。もともとアメリカのディズニーランドは、外部業者に園内清掃を任せていました。しかしウォルトは業者の掃除のレベルに満足せず、直営に切り替えチャックさんに白羽の矢を立てました。チャックさんは、ウォルトが思い描くユートピアを掃除という面から実現させました。まさに伝説のマネジャーです。

来日したチャックさんの指導は徹底していました。たとえばスーパーバイザーに豆電球がついた手鏡を持たせて、便器の裏側までチェックをさせます。見えないところまでぴかぴかにしてこそプロの仕事だというわけです。

さて、ウォルトは、自分が求める掃除のレベルをどのように表現したのか。ウォルトはチャックさんに、こう伝えたそうです。

「子どもがポップコーンを落として悲しむ顔は見たくない。もしポップコーンを落としても、躊躇なく拾って食べられるようにきれいにしてほしい」

落としたポップコーンを食べられるレベルは、砂粒一つ落ちていないほどクリーンなレベルと言い換えられます。しかし、ウォルトは「砂粒一つ残すな」と言わず、「子どもがポップコーンを落としても大丈夫なように」と表現しました。

この言葉は、私の心にぐさりと刺さりました。私はそれまで掃除という仕事を一段下に見ていたところがありましたが、チャックさんからウォルトの言葉を聞いて意識が変わりました。顧客と直接触れ合わなくても、顧客を幸せにすることはできる。そう考えて、むしろ掃除という仕事に誇りを持つようになったのです。

それと同時に、表現の重要さも実感しました。おそらく「砂粒一つ残すな」という言い方では、私の心はここまで動かなかったでしょう。同じ内容でも、表現の仕方によって心への響き方は大きく変わります。ウォルトは、わかりやすいだけでなく、聞き手の心に引っかかる表現をしたからこそ、内容が腹に落ちてきたのです。

企業の想いも同様だと思います。シンプルであることは重要ですが、それだけで満足してはいけません。うちの経営理念はありきたりだと感じている人は、コピーライターになったつもりで表現を見直してみるといいでしょう。リーダーは、みんなの心に刺さる表現を考える名翻訳家でなければならないのです。

第3章

「仕組み」を整える

「想い」は仕組みによって実現する

前章では、企業の想いが企業活動を決定づけ、それがＣＳに影響を与えることを説明しました。

では、想いさえあれば、もう十分なのでしょうか。

当然ながら、想うだけでは感動を生み出すことができません。いくら立派な想いも、そのままでは絵に描いた餅です。想いを形にする仕組みがあってこそ、顧客の心をつかむことができます。

ところが、この当たり前のことをわかっていない企業が少なくありません。

よく見かけるのが、教育をほとんどしない企業です。企業として想いがあるのに、それを現場で示す方法を教えず、個人まかせにしてしまうのです。

職人の世界には「仕事は見て盗むもの」という不文律があります。この考え方を全面的に否定するつもりはありません。受け身ではなく、自ら能動的に学ぶことによって技術をより深く習得できるという面はたしかにあると思います。

しかし、それは教育の仕組みをつくらない理由になりません。むしろ、能動的に学ぶことが大事だからこそ、意欲を持った人が学べる機会を組織的に増やすべきです。それをせずに「あとは自分で考えて勝手にやれ」「先輩から見て盗め」というのは、たんなる怠慢です。

組織的な取り組みが必要なのは、教育にかぎりません。想いを実現させて顧客に喜びをもたらすには、教育の他にも「商品開発」「情報共有」「人事評価」「サービス」などの仕組みが必要です。

それぞれについて現場まかせ、あるいは個人まかせにせず、企業として仕組みを整えることで、想いを継続的、安定的に形にしていくことができます。

この章では、想いを実現する具体的な仕組みについて解説していきます。まずは、「商品開発」の仕組みからです。

（1）商品開発の仕組み

〈モスのハンバーガーは、なぜおいしいのか〉

みなさんが好きなハンバーガーチェーンはどこでしょうか。

人によって好みは分かれると思いますが、味に関していうと、私はモスバーガーが一番気に入っています。ファストフードでありながらジャンクフードっぽさがなく、むしろ家庭で手づくりしたような温かみを感じるのです。

どうしてモスバーガーのハンバーガーは、他のハンバーガーチェーンと一線を画すおいしさなのか。

それは、自社の想いからブレることなく商品開発を行っているからです。

モスバーガーは、「食を通じて人を幸せにすること」という企業目標を掲げ、それを実現する手段として「おいしさ、安全、健康」を重視しています。同じような経営理念を掲げている外食チェーンは他にもあると思いますが、モスバーガーは想いを単なるお題目にせず、商品開発の段階から徹底的にこだわり抜いています。

たとえばモスバーガーでは担当者が各地の協力農家に直接足を運んで野菜を食べ、品質や安全性のチェックを行います。トマトにもこだわりがあります。おいしさを追及するために、商品に使うのは直径八センチ以上のものだけです。また、今外食チェーンは工場である程度加工してからお店に運ぶセントラルキッチン方式が主流ですが、モスバーガーは店内で野菜をカッティングします。これは新鮮さを失わせないための工夫です。

こうしたこだわりが積み重なって、モスバーガーらしい味がつくられているわけです。

モスバーガーの例からわかるように、ＣＳ優良企業は自社の想いにこだわり抜いて商品の開発を行います。

そういうと、「商品開発に想いを込めているのはＣＳ優良企業だけではない。多くの企業が自社らしさを追求して頑張っている」と反論が聞こえてきそうです。

しかし、本当にそうでしょうか。

経営学者のマイケル・ポーターは、企業には三つの基本戦略があると説きました。

三つの戦略とは、以下の通りです。

①コストリーダーシップ戦略（低コストを武器にライバルに対して優位に立つ）
②差別化戦略（他社にない特異性を打ち出して、業界内で独自のポジショニングをする）
③集中戦略（特定のセグメントに自社のリソースを集中させる）

このうち集中戦略は「どの分野で戦うべきか」という戦略なので、分野を絞り込んだ後は結局、コストリーダーシップ戦略か差別化戦略のどちらかを選んで他社と競争することになります。

商品開発で自社らしさを追求するのは、「差別化戦略」の一環といえます。しかし、すべての企業が差別化戦略を選ぶわけではありません。デフレ期において目立ったのは、むしろコストリーダーシップ戦略を選ぶ企業です。多くの企業は、自社らしさにこだわって商品の付加価値を高めるより、商品を安く提供することでライバルから顧客を奪いたいと考え、実践していました。

コストリーダーシップ戦略そのものを否定するつもりはありません。ただ、ＣＳの観点からいうと、やはり差別化戦略に軍配が上がります。

コストリーダーシップ戦略を選んだ企業は、具体的施策として業務の効率化を始めます。業務の効率化といえば聞こえがいいですが、多くの場合、実質的にはコストカットです。そのしわ寄せは、商品のクオリティ低下や、現場で働くスタッフの負担となってあらわれます。そうした企業のＣＳが高いかというと、疑問符をつけざるを得ません。

行き過ぎたコストリーダーシップ戦略は企業の存在を根底からおびやかす場合があります。

二〇一一年、焼き肉レストランチェーン「焼肉酒家えびす」が食中毒を起こして営業停止に追い込まれた事件をご記憶でしょうか。あの事件が起きたとき、不祥事を起こす会社がどのような想いを掲げていたのか気になって、運営会社であるフーズ・フォーラスの企業理念を調べてみました。同社が掲げていた理念は次の通りです。

「すべてのお客様に『愛』を
店舗スタッフへ『感動』を

『愛と感動』のレストランチェーン」

じつに立派で、非の打ちどころがない理念です。

しかし、同社は顧客への愛を、自社らしい商品ではなく、低価格で示そうとしました。焼肉酒家えびすが提供していた和風ユッケの値段は、一皿二八〇円です。この価格を実現しようと思えば、尋常ではないコストカットが必要です。同社は売れ残りのユッケを翌日も客に出していましたが、その背景には、まさに行き過ぎたコストリーダーシップ戦略があったのです。

すばらしい経営理念を持っていても、コストリーダーシップ戦略に舵を切ると、自社の想いは忘れられてしまい、価格競争の泥沼にはまっていくことになります。時と場合によってコストリーダーシップ戦略が有効なこともあるかもしれませんが、その先に、CSの向上はないということだけは断言できます。

〈「効率性」より「効果性」を重視〉

自社の想いを込めた商品を開発して差別化を図るか。

それとも業務を効率化して低コストで勝負するか。

二つの戦略の違いは、「効果性」を重視するか、「効率性」を重視するのかの違いでもあります。

効果性とは、企業の想いが実現される度合を指します。標準より余計にお金がかかっても、それによって想いがより深く実現できるなら、その施策は効果性が高いといえます。

一方、効率性は、資本収益率、もっと噛み砕くとコストパフォーマンスといいかえてもいいでしょう。コストカットして無駄を削ぎ、少ない投資で利益を最大化できる施策が、効率性の高い施策です。

ＣＳ優良企業が重視しているのは、効果性です。事業を継続的に行うためには効率性を無視できませんが、「この会社は何のために存在しているのか」という目的がなければ、そもそも事業を行う意味がありません。つまり効果性は目的で、効率性は手段。手段の方を優先させるのは本末転倒です。

ディズニーも、効率より効果を重視する姿勢を明確に打ち出しています。

ディズニーは、「ハピネスへの道つくり」を理念に据え、そのためのガイドラインとして「SCSE」という行動規準を定めています。この行動基準は、次の四つの頭文字を取ったものです。

「Safety（安全）」
「Courtesy（礼儀正しさ）」
「Show（ショー）」
「Efficiency（効率）」

四つの要素は、優先度の高い順に並んでいます。効率は、最後。つまり効率について考える必要はあるものの、優先すべきは他の要素というわけです。

一例をあげましょう。

ディズニーの駐車場は、斜めに線が引かれています。また、案内キャストがいて顧客を安全に駐車スペースへ案内します。普通の駐車場のように直角にすれば車を数多く並べられるし、案内も不要です。にもかかわらず、なぜそうしないのか。

それは、効率よりも安全への想いを優先しているからです。高速道路のパーキングエリアでよく見られるように、斜めの駐車スペースは、ドライバーが停めやすく、歩行者に気づきやすい構造になっています。人件費もかかり、空間的には無駄が生じますが、来園者が事故を起こさないことを第一に考えて設計されているのです。

〈商品開発のプロセスに、原点に立ち返る仕組みを入れる〉

商品開発において自社の想いが重要であることを説明してきましたが、それを実現する仕組みとして、具体的にどのようなものが考えられるでしょうか。

ここでまた思い出話をさせてください。

ディズニーのユニバーシティでマネジャーを務めていたころ、私は「トレーナーピン」をつくろうと思い立ちました。トレーナーは、新人キャストに仕事を教える役割を担っています。新人キャストが困ったときに誰に教えを乞えばいいかすぐわかるように、一目でトレーナーだとわかるピンをつくろうとしたわけです。

ところが、この企画は難航しました。ピンのデザインには、ピノキオに出てくるジミニー・クリケットというコオロギのキャラクターを採用しました。ジミニー・クリケットはピノキオの指導者役ですから、トレーナーにはぴったりです。しかし、試作品をディズニーのカウンターパートに見せたところ、「ジミニー・クリケットらしさがない」と指摘され、デザインを何度もやり直すことになったのです。

私は面倒に思う反面、「さすがディズニーだ」と感心しました。顧客向けの商品や広告宣伝用のグッズなら、キャラクターのデザインにこだわりを持つのもわかります。一方、トレーナーピンは社内向けのもので、ゲストに配るわけではありません。社内向けのものにまで、「そのデザインでは我々の想いが反映されていない」といってストップをかけるのですから、想いへのこだわりは相当なものです。

こういうこともありました。ディズニーの男性キャストは、髪の毛が耳にかぶってはいけないというルールがあります。ところが社内報の職場紹介コーナーでメンテナンス部門を取りあげたとき、一人だけ髪が長い男性キャストが写真に写りこんでいました。制作を担当した私は、印刷後にそのことに気づきました。ただ、目を凝らさなければわからないほどの小さな写真です。この程度なら問題ないと考えて、ディズニー側のチェックに回しました。

しかし、考えが甘かったようです。返ってきたのは、「すべて刷り直してください」という指示。「すでに五〇〇〇部刷っています」と抵抗しましたが、「お金の問題ではない」と一蹴されました。

トレーナーピンや社内報は、顧客向けの商品ではなく社内向けのものです。それでもディズニーは「自分たちの想いとズレていないか」ということに徹底的にこだわるのです。

社内向けでさえそうなのですから、顧客向けの商品やサービスへのこだわりはなおさらです。

ディズニーでは約一五〇〇人からなるイマジニアリング（イマジンとエンジニアリングを組み合わせた造語）部門がアトラクションの企画・開発を担っています。この部門では、「このアトラクションは、ディズニーらしいだろうか」という議論が繰り返し行われています。どれほどエキサイティングなアイデアがあっても、ディズニーの想いから外れているものは採用されません。ディズニーでどのアトラクションに乗っても〝ディズニーらしさ〟を味わえるのは、こうした徹底的なチェック体制があるからです。

ディズニーにかぎらず、ＣＳ優良企業の多くは、商品開発プロセスで「この商品には自社の想いが反映されているか」を確認する仕組みを組み込んでいます。

具体的には、チェックする担当部署や担当者を置いたり、チェックするための会議を開くといった方法が考えられます。また企画決裁の判断基準に、「自社の理念に合致しているかどうか」という項目をあらかじめ用意しておくというやり方もあるでしょう。

いずれにしても、商品開発プロセスのどこかに、自分たちの原点に立ち返る機会を組み込んでおくことが大切です。原点に立ち返る機会は、一度だけでなく、二度、三度とあってもいい。確認する機会が多いほうが、自社の想いはより強く反映されるでしょう。

〈提案制度で現場のアイデアを吸い上げる〉

自社の想いを商品に反映させる仕組みとしては、提案制度も効果的です。

今顧客は何を欲しているのかという市場の情報は、商品企画部門の人より、フロントラインで顧客と接している人のほうが詳しいはずです。そうした現場情報と自社の想いがつながることで、商品企画部門が思いつかないようなアイデアが現場から生まれることもあります。それを組織的に吸い上げる仕組みがあれば、顧客志向のすばらしい商品ができあがる可能性は高まります。

ディズニーにも、「Ｉ　ｈａｖｅ　アイデア」という提案制度があります。

これは、ゲストに喜ばれる商品やフード、ゲストサービスのアイデアなどを、すべての従業員が組織や立場に関係なく提案できる制度です。たとえばキャラクターの形をしたまんじゅう「リトルグリーンまん」や、ミッキーマウスをかたどったタネの入ったおでん「ホットポット」も、この制度から生まれた商品です。提案制度は、ヒット商品を生む宝の山なのです。

とはいえ、提案制度自体は珍しいものではありません。〝カイゼン〟で有名なトヨタに代表されるように、日本企業はボトムアップでアイデアを出していくことが伝統的に得意です。実際、現場のアイデアを吸い上げる仕組みを持っている企業は多いはずです。

ただ、せっかく仕組みがありながら、今では形骸化して、ほとんど機能していない企業も少なくないようです。

提案制度が形骸化する理由は二つ考えられます。

まず一つ目は、会社が本気になっていないということです。提案制度を導入したものの、「他社がやっているからなんとなく」「現場の声を聞くフリをすれば、不満のガス抜きになる」というのが本音で、ハナから現場のアイデアを商品化するつもりがないのです。

提案制度に本気で取り組んでいない企業には、いくつか特徴があります。本気ではない企業の多くは、専任の担当者を置かず、他の仕事をメインでやっている人に兼任で担当させます。専任を置くかどうかは企業規模にもよりますが、大企業で専任の担当がいない企業は、片手間にやっていると判断されても仕方ないでしょう。

また、本気でやっていない企業は、審査した内容を提案者にフィードバックしません。提案されたプランは玉石混淆で、なかには検討に値しないものも多いでしょう。だからといって何も反応がなければ、「提案するだけ無駄じゃないか」と徒労感を抱くようになり、現場は提案する気を失っていきます。

たとえ未熟なアイデアでも、「こういう理由で現実的ではない」「この点を改良すれば、可能性が出てくる」と、評価や助言をつけて提案者に返したいところです。こうしたキメ細かいフィードバックをするためにも、専任担当者は必要だと思います。

提案制度が形骸化するもう一つの理由は、企業文化です。

たとえば「部下は文句を言わず、上司の指示に黙って従うべき」という軍隊的マネジメントが行われている企業や、「目立つことをしたら出世に響く」という保守的な空気が強い企業には、提案制度がなかなか根づきません。こうした企業では、自分の考えを積極的に主張するよりおとなしくしていたほうが得なので、提案が出ないのも当然といえます。

また、上意下達文化の強い企業は、「毎月必ず提案書を出しなさい」というように、従業員に提案を強制しがちです。

しかし、これは逆効果です。提案が義務になると、取ってつけたような浅いアイデアばかりになります。数がいくら揃っても、実際に商品化されるアイデアが出なければ、制度をつくった意味がありません。かくして提案制度の形骸化が進むのです。

提案制度をうまく機能させるためには、オープンで風通しのいい社内環境を整えることが大切です。提案制度があるものの形骸化しているという企業は、まずそこから変えていく必要があるでしょう。

(2)「教育」の仕組み

〈教育は「継続多重」が好ましい〉

ＣＳを高めるには、従業員間で自社の想いを共有することが重要です。従業員が自社の想いを頭で理解するだけでなく、腹に落ちたというレベルまで共感を覚えて、さらに想いを実現する方法論まで共有することができれば、ＣＳ向上はもう半分達成したようなものです。

具体的にどうやって想いの共有を進めるのか。その仕組みが「教育」です。

社員教育をまったくやっていない企業は、おそらくほとんどないはずです。ただ、その中身が問題です。先に紹介したように、入社時に全体研修を一度やったきりで、あとはＯＪＴと称して実質的に放置している企業は少なくありません。これでは想いの共有が進まないでしょう。

教育の仕組みを設計するときに意識していただきたいのは、「継続多重」です。「継続」とは、一度きりで終わらず、定期的あるいは節目ごとに繰り返して教育することを指します。一方、「多重」とは、全体の教育部門だけでなくそれぞれの部門が部門ごとに研修をやったり、研修だけでなく他のさまざまな社内制度を通して想いを伝えるなどして、想いを共有する機会を幾重にも設けることを指します。

いわば、継続がタテ糸、多重がヨコ糸です。継続多重で教育を行うことによって、想いが布のように織りあがっていくイメージです。

継続多重でやらなくても、強烈なインパクトのある研修を行い、一発で想いを刻みこめばいいではないか、という意見もあるでしょう。

しかし、人間の頭脳は一度ですべて記憶できるほど優秀ではありません。ドイツの心理学者エビングハウスの実験によると、人は一度覚えたことも、二日経つと約八割忘れてしまうそうです。深く印象に残る研修をすることに異論はありませんが、記憶は質よりも回数。何度でも繰り返すことで定着していきます。

また、一発で強く刻み込もうとすると、教育のやり方が「気づき」ではなく「押しつけ」になりがちです。限られた時間で理解してもらわなくてはならないため、「〜しなさい」、あるいは「〜してはいけない」と命令する形になりやすいのです。

心からの納得感がないまま会社から教えられた想いを実行に移しても、形式的で白々しい商品やサービスが生まれるだけです。そうした商品やサービスは顧客にすぐ見破られますし、提供するほうもモチベーションが上がらず、長続きしないでしょう。最初の一発で教育をすべて済ませようとすると、このように「すぐ忘れられる」「やらされ感が出る」といった弊害が起きます。これを防ぐには、想いを共有する機会を時間的・空間的に増やしていく継続多重型の教育が必要なのです。

CSを向上させることは、組織文化を変えることです。それは会社の習慣を変えることと言ってもいい。時間がかかることを覚悟すべきです。

〈継続教育で理念が腹落ちする〉

継続多重の教育について、もう少し詳しくご紹介しましょう。

「継続」については二つの方法が考えられます。まず一つは、朝礼や定期勉強会のように日常的に自社の想いを確認する方法です。

CSが高いことで知られている高級ホテルチェーンのリッツ・カールトンは、自社の想いをクレド（信条）カードにまとめて、職場で毎日集まって読み合わせを行っています。単に読んで終わるだけでなく、それぞれの立場でどうすればクレドを実践できるのかということについて議論が行われているそうです。これを毎日やるのですから、否が応でもクレドが腹落ちしていきます。

もう一つ、教育をキャリアパスの中に組み込んでいく方法もあります。たとえば社内資格に絡めたり、幹部研修の中に組み込むなどして、想いを共有する機会をキャリアの節目ごとに設けるのです。

〈表彰制度に教育効果を組み込む〉

一方、「多重」のほうはどうでしょうか。

多重教育は、一般的な社員教育の枠組みにこだわらず、とにかく想いを確認する機会を増やすことを重視します。ですから、具体的方法もさまざまなものが考えられます。

一例を紹介します。

ディズニーには、「スピリット・アワード」という表彰制度があります。スピリット・アワードの特徴は、偉い人が優秀なキャストを上から評価して選ぶのではなく、キャスト自身が職場で頑張っている人を選ぶ仕組みになっている点です。ですから、スタンドプレーで目立つだけの人はダメ。地道に仕事をして、仲間から信頼を勝ち取ったキャストだけがもらえる栄誉ある賞です。

なぜこの仕組みが理念教育の機会になっているのか。

それは選考時に、ディズニーの行動基準「ＳＣＳＥ」（Ｓａｆｅｔｙ＝安全、Ｃｏｕｒｔｅｓｙ＝礼儀正しさ、Ｓｈｏｗ＝ショー、Ｅｆｆｉｃｉｅｎｃｙ＝効率）に照らし合わせて評価をすることになっているからです。

キャストは、賞にふさわしい人を選ぶとき、

「うちの職場で、普段から安全に気を配っているのは誰だろうか」

「いつも礼儀正しい態度で接客していたのは誰か」

と考えをめぐらせます。選考過程で「ＳＣＳＥ」というディズニーの行動基準を強く意識せざるを得ないため、結果的に理念教育の役目も果たすことになるわけです。

このように本来は教育を目的としていない制度も、一工夫することで教育効果をもたせることができます。

この場合、教育は副次的な目的ですから、効果は大きくないかもしれません。しか

し、一つ一つの効果は小さくても、その機会を増やすことで全体として大きな教育効果を期待できます。これが多重教育のメリットです。

教育を全社的に行うだけでなく、各部門で独自に行うことも多重的といえます。たとえば先ほど紹介した表彰制度を各部門でも行えば、教育機会はそれだけ増えます。

ここで注目したいのは、各部門に割り当てられた予算です。

社員教育に熱心な企業でも、教育予算は全社の教育部門が握っていて、各部門に割り当てられていないケースが多いと思います。

各部門に独自の教育予算がないと、教育施策の選択肢は限られてきます。他の支出を削って教育費用を捻出したり、部門長のポケットマネーでやる企業もありますが、裏ワザを使わないとできない教育施策は長続きしません。企業は各部門にきちんと予算を与えて、多重に教育できる環境を整えるべきでしょう。

ちなみにディズニーには、全体を統括するユニバーシティのほか、各ディビジョンに教育部門があり、それぞれに予算を持っています。表彰制度も、各ディビジョンにあります。こうした多重な教育機会をつくれるのも、現場に教育の予算を与えているからです。

〈キャストが憧れる「ユニバーシティ・リーダー」〉

ディズニーの全体教育についても触れておきましょう。

ディズニーにはユニバーシティという教育部門があり、キャストはユニバーシティで導入研修を受けることになっています。わが娘のケースも紹介しましたが、短期のアルバイトも例外ではありません。すべてキャストが、働き始める前にディズニーの理念を学びます。

この導入研修で大活躍するのが、ユニバーシティ・リーダーです。

ユニバーシティ・リーダーはキャストの中から選ばれて、約一年間、導入教育でインストラクター役になります。インストラクターといっても、具体的なスキルやノウハウを教える講師とは違います。ユニバーシティ・リーダーは、「ディズニーの理念は、各職場でどのように発揮されているのか」ということについて、自分の体験を交えながらスピーチを行います。その意味では、インストラクターというより、想いの「伝道者」（エバンジェリスト）といったほうが近いかもしれません。

現場の最前線で活躍する人を指導者役にするメリットは二つあります。

まず一つは、受け手が身近に感じられるということです。一般的な導入教育では、教育担当者やマネジャーが自社の想いについて語ることが多いと思います。それもいいのですが、うまく伝えないと、受け手に「上から目線で想いを押しつけられている」と感じさせてしまう危険があります。

一方、ユニバーシティ・リーダーは、新人キャストとほとんど同世代。研修後は同じ職場で同じように働く、とても身近な存在です。そうした立場の人から語られるリアルな体験談は、普段は接することの無い上司から語られるものよりずっと強く胸を打ちます。

もう一つ、この仕組みにはユニバーシティ・リーダー自身の意欲を高め、成長につなげるというメリットもあります。

ユニバーシティ・リーダーに選ばれるのは、年にわずか十数人しかいません。選ばれるのはこのうえない栄誉であり、それだけで彼らのモチベーションは高まります。

また、自社の理念を人に教えるには、まず自分自身が理念についてきちんと理解していなければなりません。そこで彼らはユニバーシティ・リーダーに選ばれたことを機に改めて自社の想いについて考え、理解を深めようとします。つまり教える立場に抜擢することが、彼らにとっての教育機会にもなっているのです。

ユニバーシティ・リーダーは毎年選出されるので、こうして理念を深く理解したキャストが着実に増えることも、メリットの一つといえます。

従業員自身をインストラクター役にする仕組みは、このようにさまざまなメリットがあります。全体教育は教育の専門家やマネジャーがやるもの、という常識に縛られる必要はありません。ぜひ現場から人を抜擢して、教える側に立たせる仕組みを構築してみてください。

(3) 情報共有の仕組み

〈情報は、組織的に活用する〉

現場で想いを具体化するときに役立つのが「情報」です。

たとえば顧客から何かリクエストがあったとき、「どうすればリクエストに応えられるか」（ノウハウ）、「似たようなケースは他にあったか」（事例）、「このお客様とは、これまでどのような関係だったのか」（履歴）といった情報があると、ゼロベースで考えるより最適な答えにたどりつきやすくなります。

おそらくどの企業でも、ノウハウや事例、履歴といった情報は蓄積しているはずです。ただ、情報が組織的に管理されておらず、現場のキーマンが一手に握っている企業が少なくありません。「あの件についてはAさんがすべて知っている」というように、特定の人が情報を握りこんでしまうのです。

Aさんはオープンな人だから大丈夫、という考えは危険です。Aさんに情報を独り占めするつもりがなくても、病気で突然入院したり、他社に転職してしまったらどうなるでしょうか。Aさんが握っていた情報はそのまま消えてなくなり、活用できなくなるおそれがあります。

情報をCS向上につなげるには、情報を組織的に管理して、従業員が気軽にアクセスできる仕組みを整える必要があります。

具体的にいうと、現場に溜まったノウハウはマニュアルに落とし込む、過去の事例は事例集としてまとめる、顧客情報はデータベースをつくるといった対応が必要です。

こうした仕組みが用意されていてこそ、現場は情報を使いこなすことができます。

また、自社の想いを一つの情報として見なすと、想いを共有するための仕組みも情報の仕組みと考えられます。たとえば社内メールで経営者がメッセージを送ったり、社内報の職場紹介で従業員が想いを語ったりするのも、情報の仕組みの一つといえるでしょう。

〈ノウハウではなく、事例を共有する〉

情報に関する仕組みの中でもとくに重視したいのは、事例を共有する仕組みです。

マニュアルを整備している企業は多いですが、事例を共有する仕組みを持っている企業は案外少ないものです。私はその差がCS優良企業とそうでない企業の分かれ目になると考えています。ちなみにディズニーには作業手順書としてのマニュアルはありますが、サービスのマニュアルは存在しません。

なぜサービスのマニュアルが存在しないのか。それは、マニュアル対応からは顧客を感動させるサービスが生まれないからです。

ディズニーランドには、毎年約三〇〇〇万人のゲストがやってきます。三〇〇〇万人いれば、その数だけ感情も存在しています。それを無視して一律でサービスを提供しようとすると、ゲストの感情とズレが生じて、感動を生むどころか不満足につながります。

「家族連れのお客様には、こう対応する」「カップルには、あのサービスを」というようにマニュアルをきめ細かく決めていけば、顧客の感情に多少は対応できるかもしれません。しかし、それでも限界はあります。実際に現場に立てばわかりますが、顧客の感情は、いくつかのパターンに類型化できるほど単純なものではありません。

たとえばひとくちにカップルといっても、二人の関係にはさまざまな違いがあります。初デートなのか、つきあってから長いのか、普通のデートなのか、喧嘩中で仲直りのためにやってきたのか、それとも何かの記念日なのか。そうした違いを無視して、「カップルだから写真を撮ってあげると喜ばれるはず」とマニュアル的な対応をすると、そっとしておいてほしかったカップルは「余計なことをして」と不満を感じるでしょう。

サービスは想像力です。目の前のお客様は今どのような状況にいて、無意識のレベルも含めて何を求めているのか。一人一人違うニーズに想像をめぐらせて、その都度、最適と考えられるものを提供していく。それが感動を生むサービスの極意です。

では、一人一人違う感情を想像するには、どうすればいいのか。

そこで役に立つのが過去の事例です。目の前の状況とまったく同じではないものの、「以前、似た状況でこうしたら喜ばれた」「前に似た状況だったときは、女性ゲストのほうが積極的に関心を示してくれた」などの事例があれば、今回の状況にもっともふさわしいサービスを推測する助けになります。

なぜ事例が有効なのか、もう少し説明しましょう。

目の前の顧客に想像をめぐらすときに必要なのは、マニュアル的な「形式知」ではなく、勘や直感としてあらわれる「暗黙知」です。暗黙知は、論理的に説明するのは難しいが、これまでの経験からなんとなくそう思える知識をいいます。言葉でうまく説明できなくても、相手の微妙な表情や口調、全体の雰囲気から感情が読み取れることがありますが、このときは自分の中の暗黙知に照らして判断しています。つまり暗黙知が豊かな人ほど、多種多様な顧客の感情に対して直感が働くといえます。

では、どうすれば暗黙知を豊かにできるのか。暗黙知を磨くには、経験を積み重ねることが一番です。ただ、一人が経験できる量はたかが知れています。そこで過去の事例を通して他人の経験を自分のものにして、暗黙知を厚くしていくわけです。

事例を共有するための具体的な仕組みとしては、事例集を作成して配ったり、顧客からの手紙などを回覧させる仕組みが考えられます。

ディズニーではゲストリレーションという専門部署が、ゲストから届いた手紙をすべてファイリングしています。そこから参考になりそうなものをユニバーシティが選んで、社内報に掲載します。それを見て現場のキャストは、「同じようなことを私もできないだろうか」と考え、実際のサービスに活かしていきます。

ここでは事例の大切さを強調しましたが、誤解がないようにつけくわえておくと、私はマニュアルを否定しているわけではありません。ディズニーにも先ほど述べたようにオペレーションに関するマニュアルがあり、たとえば掃除はどこからどうやるのかという手順が細かく決められています。掃除の手順は、マニュアルで伝えたほうがわかりやすい。ヘタに事例で伝えようとすれば、最低限やらなくてはいけないところが曖昧になって、清掃のクオリティを保てなくなるおそれがあります。

事例集が最高のサービスを目指すための情報ツールであるなら、マニュアルは最低限のレベルをクリアするための情報ツールといえます。両方の特徴をよく理解して、サービス向上に役立ててください。

〈「紙」ベースの情報共有を侮るな〉

今やＩＴはビジネスに欠かせないものになりました。情報共有についても、今後はＩＴの活用が増えてくるのは間違いありません。

ただ、「紙」による情報共有も捨てがたいものがあります。

私が古い人間だからそう思うのかもしれませんが、紙はデジタルに比べて情報が広がりやすいように感じるのです。

デジタルツールは、ある情報を見るか見ないかということをほぼ一〇〇％、自分で決められます。たとえば会社が有益だと思った情報をメールマガジンで配信しても、読みたくなければ開封せずにゴミ箱に入れるだけでいい。否が応でも目に入るということはまずありません。

一方、紙はどうでしょうか。紙はデジタルと違って、物理的に空間に存在します。そのため見る意思がなくても、勝手に視界に入ってくることがあります。たとえば事務所の休憩スペースに社内報が貼ってあり、興味がなかったのに、つい読んでしまったという偶発的な情報共有が起こりえます。

この偶発性こそが紙の魅力です。デジタルの場合、興味のない人は最初から情報をシャットアウトできますが、それゆえにじっくり読めば役に立つ情報を見逃すおそれがあります。一方、紙の場合は情報がたまたま視界に入って、それをきっかけに興味をかきたてられることがあります。デジタルが「食わず嫌い」を誘発するツールなら、紙は「試し食い」しやすいツールです。その点では、紙のほうが情報を拡散させやすいのではないでしょうか。

ディズニーではすべてのキャストに印刷された社内報が配布されます。職場紹介やキャスト向けイベントの解説だけでなく、「I have アイデア」制度で応募されたアイデアを紹介したり、ゲストからの手紙を掲載するなど、コンテンツはとにかく多岐にわたります。キャストにとっては、とても楽しみな冊子です。

興味深いことに、この冊子を読むのはキャストだけではないようです。キャストが家に持ち帰ってそのあたりに置いておくと、ご家族が目にして、「息子はこういう仕事をしているのか」と応援してくれることが少なくないというのです。

ご家族向けにつくったものではありませんが、たまたま目に触れて、ディズニーの想いがパークの外にまで広がっていく。これも、紙のもたらす効果でしょう。

もちろん紙が万能というつもりはありません。紙には物理的制約があり、印刷のコストもかかります。対象者の人数が多い場合は、ＩＴのほうが効率的に情報を共有できるでしょう。

映像を活用する方法もあります。日本経営品質賞を受賞した福井県済生会病院では、理念教育の教材にビデオインタビューを使用しています。インタビューに答えるのは、現場で働くスタッフたち。ディズニーのユニバーシティ・リーダーと同じく現場の人が生の言葉で語ることで、想いがリアルに伝わってきます。

私のイチオシは紙ですが、媒体を一つに限る必要はありません。ＩＴや映像などをうまく併用すると、情報共有を効果的に行うことができるでしょう。

(4)「人事評価」の仕組み

〈想いを具体化した人を評価する〉

サービスの現場で働く人にとってもっともうれしいのは、顧客から「ありがとう」といわれることでしょう。しかし、顧客から感謝の言葉を直接かけてもらえるのはフロントラインの人だけです。裏方のスタッフには、お客様から直接「ありがとう」と言ってもらえる機会がほとんどありません。

そこで欠かせないのが「評価」の仕組みです。表舞台にいるか、裏方なのかにかかわらず、自社の想いを実現させるために頑張った人を会社として評価して、さまざまな面で報いていく。そうした仕組みがあれば、たとえ顧客から直接感謝されなくても、従業員は「また頑張ろう」と意欲を高めていくことができます。

評価の具体的な仕組みとしては、二つの方法が考えられます。

一つは、人事制度や賃金制度の中での評価です。たとえば人事考課の項目の中に「理念を実現できたか」という項目を入れて、高評価を得た人にはそれに応じた処遇をします。

人事制度に絡めるやり方は、正社員にかぎりません。ディズニーには、「ＭＡＧＩＣ」というアルバイトキャストのグレードアップ制度があります。働き始めたばかりのキャストは、Ｍキャストです。その後、業務内容や習熟度に応じて、Ａキャスト、Ｇキャスト、Ｉキャスト、最終的にＣキャストと昇格していきます。

各グレードの頭についているアルファベットは、なぜＡＢＣ～ではなく、ＭＡＧＩＣなのか。これには次のような意味が込められているそうです。

Ｍキャスト　〝Make up〟（化粧する）
↓一人前のキャストとして舞台に立つ準備をする
Ａキャスト　〝Action!〟（映画や舞台で演技を始めるときの監督のかけ声）
↓一人前のキャストとして演技を始める
Ｇキャスト　〝Growing up〟（成長する）
↓キャストとして成長し後輩達を優しく見守る

Ｉキャスト　〝Instruct〟（教える、指導する）
↓自ら演じるだけでなく新しいキャストを指導する
Ｃキャスト　〝Captain〟（チームをまとめる）
↓自ら演じながらロケーション全体を統率する

無理やりこじつけている印象もありますが、「ＭＡＧＩＣ」（マジック）というワードで整理することで、各グレードで求められるものが明確にわかるようになっています。このあたりの語呂合わせのうまさは、さすがディズニーです。

ディズニーでは、アルバイトのキャストにも、このような五段階からなるきめ細かい昇格制度が用意されています。これによって、キャストは自分の評価を知り、さらなる成長につなげていくことができるのです。

〈部門の壁を越えて評価する仕組みをつくる〉

もう一つは、表彰制度に代表されるように、人事と直接関係のない単独制度による評価です。人事や賃金には、「自社の想いを実現したか」という要素以外に、さまざまな要素が絡み合っていきます。理念実現への貢献を純粋に評価するとしたら、むしろ人事や賃金から切り離された単独の制度のほうがわかりやすいでしょう。

ディズニーでは、二つの表彰制度が有名です。一つは、先に紹介した「スピリット・アワード」。これは偉い人が上から評価するのではなく、現場で一緒に働く仲間たちの評価によって決まる表彰制度です。

もう一つは、「ファイブスター制度」です。これは、社長も含めて管理職が部門の枠を超えてキャストを評価できる制度です。

たとえば商品開発のマネジャーが、レストランですばらしい接客をしたキャストを見たとします。そのときマネジャーはキャストにファイブスターカードを手渡して、評価の証しとすることができます。

一般的な企業はセクショナリズムが強く、マネジャーが部門外の人を褒めにくい雰囲気があります。しかし、公式な制度として仕組みを整えれば、遠慮する必要はありません。私もユニバーシティのマネジャー時代、笑顔で頑張っているキャストを見つけて次々にカードを配っていました。

ちなみにファイブスターカードには、オリジナル記念品と交換できる特典があります。もちろん記念品もうれしいと思いますが、キャストにとっては他部門の人に褒められたことが励みになります。人は誰かに認められたいという欲求があります。誰かが自分に関心をもってくれている。働くうえで、これほどのモチベーションがあるでしょうか！

人事制度と絡めるか、単独の表彰制度をつくるか、あるいは併用するか。それは企業しだいですが、どのような形であれ、自社の理念を実現させようと頑張る人を評価する仕組みは必要です。ディズニーのケースも参考にしながら、評価制度を設計してみてください。

(5)「サービス」の仕組み

〈ディズニーのキャストは、なぜ積極的に話しかけてくるのか〉

一回平均六〇人――。

これはいったい何の数字だと思いますか。

じつは一回六〇人という数字は、アメリカのディズニーで、ゲストが来園中に会話をするキャストの人数を示しています。ゲストは来園してから退園するまで、六〇人のキャストと何らかの形で言葉を交わしているのです。

どうしてディズニーでは、ゲストとキャストのコミュニケーションが活発に行われるのでしょうか。

キャストがおしゃべり好きだからという答えは、半分正解で、半分不正解です。たしかにディズニーには、おもてなしの心に溢れ、人と積極的にコミュニケーションを取りたいマインドを持ったキャストが多くいます。しかし、ホスピタリティのマインドがあるだけで、一回六〇人というコミュニケーション量は実現できません。

ディズニーのキャストがゲストと積極的に会話できるのは、コミュニケーションを促す仕組みが整えられているからです。

たとえば、特に多くの人が体験しているサプライズにバースデーシールがあります。キャストは誕生日に来園したゲストから申し出があると、「誕生日おめでとうございます」と言ってバースデーシールにゲストの名前を記入します。シールに記入する名前は、他のキャストからも読めるように大きな字で書くようになっています。そうすることで、そのゲストは数多くのキャストからお祝いのメッセージをもらうことになります。

単に言葉で「がんばれ」というだけではゲストとキャストとの距離を縮めることは出来ません。このような仕組みがあってこそ、キャストとゲストの会話は弾みます。

もちろんCS向上につながる質の高いサービスを提供するためには、従業員一人一人がホスピタリティの意識を持つことが重要です。

しかし、従業員の意識に依存していると、組織として質の高いサービスを継続的・安定的に提供することが難しくなります。現場の意識に任せきりにするのではなく、ホスピタリティを発揮しやすい仕組みを整え、現場をサポートしていくことが大切なのです。

全体を俯瞰して仕組みを設計する

この章で見てきたように、自社の想いを具体化させる仕組みにはさまざまなものがあります。もちろんここで紹介したもの以外にも、効果的な仕組みはいろいろ考えられます。どのような仕組みを構築して想いの具体化を目指すのか。それは企業しだいです。

どのようなものを選ぶにせよ、仕組みを構築するときに注意してほしい点が一つあります。それは、組織全体を俯瞰したうえで仕組みを設計するということです。

日本に限った話ではありませんが、企業というものは規模が大きくなるほどセクショナリズムが強くなり、縦割りになる傾向があります。その結果、各部門がそれぞれよかれと思って仕組みを導入するものの、お互いが足を引っ張り合うケースが少なくないのです。

たとえばある現場で毎朝一〇分、ミーティングを開いて注意事項の確認をしていたとします。現場にとって注意事項の確認は、いいサービスを提供するために欠かせないプロセスです。

そこに教育部門がやってきて、「理念教育の一環として、これから毎朝、企業理念について語り合うミーティングをやってもらいます」といってきたらどうでしょうか。

どちらもその仕組みだけを切り取れば、想いの具体化に役立つ仕組みです。しかし実務上ではバッティングするため、現場が混乱して結局はどちらも中途半端になってしまう可能性があります。

こうした混乱を防ぐには、部門の壁を越えて、全体を俯瞰したうえで制度を設計する必要があります。

ミーティングがバッティングする問題も、視野を広げて考えれば解決できない問題ではありません。理念について語るミーティングは終業後に開くことにすれば、オペレーションへの影響は出ないはずです。もちろん就業時間内に実施することが好ましいですが、それが難しければ就業時間内にこだわる必要はありません。その場合は時間外手当が必要になるので、人事を巻き込んで制度設計すべきです。

このように全体を俯瞰しながら制度を設計すると、一つ一つの仕組みが機能するだけでなく、それぞれがいい影響を与え合ってシナジー効果が生まれます。それぞれの仕組みが有機的につながり、一つのエコシステム（生態系）になるように制度設計できるか。それが仕組みを構築する人の腕の見せ所になります。

第4章

「想い」を具体化する

三・一一。キャストの「行動」が顧客を救った

二〇一一年三月一一日。この日、未曾有の自然災害が東日本を襲い、大勢の人の命が失われました。首都圏は、壊滅的な被害を受けた東北からは少し距離があります。それでも交通機関が止まり、多くの帰宅困難者が発生しました。

東京ディズニーランドでも、自宅に帰れなくなった人が多数発生しました。その日の来園者は、ランドとシーを合わせて約七万人。そのうち約二万人が園内で一夜を明かすことになりました。

ディズニーの対応は、迅速かつ柔軟でした。まず来園者を指定の避難所に誘導しました。ディズニーは五万人が三日間避難していても困らない非常食を備蓄しているため、避難中のゲストにさっそく提供しました。

避難所では、キャストがそれぞれの判断でゲストのケアをしました。

あるキャストは、売り物のダッフィーのぬいぐるみをゲストに配りました。寒さを

和らげると同時に、さらには防災頭巾の代わりにしてもらうためです。

また別のキャストは、寒さしのぎのための段ボールを配りました。段ボールは夢の国に似つかわしくないため、普段はゲストに見せてはいけないことになっています。しかし、非常時にそんなことは言っていられません。キャストは店の裏側から段ボールを集めてきて、寒さに震えるゲストに配り歩きました。

京葉線が動き始めたのは、翌日の三月一二日。パークで一夜を過ごしたゲストたちは、心身ともに疲れた様子で帰っていきました。

約一カ月後の四月一五日、パークは営業を再開しました。

私は会社をこっそり休んで、開園の列に並びました。パークがどうなったのか、気になったのは私だけではないようです。テレビの報道クルーがいくつか来ていて、大勢の人が並んでいる様子を取材していました。

テレビのインタビューを受けた人の中に、三・一一の夜をパークで過ごしたゲストがいました。

「たいへんな目にあった場所に、なぜまた戻ってこようと思ったのですか」

記者にそう問われたゲストは、次のように答えていました。

「どうしても、ありがとうって伝えたくて」

サービス提供者にとって、これほどうれしい言葉はないでしょう。震災の日、パークにいたキャストたちも被災者です。一刻も早く家に帰りたい、家族の顔を見たいと思っていたはずですが、それでもキャストたちは顧客の安全と安心のためにベストを尽くした。その苦労も、「ありがとう」の一言を聞くことで報われたはずです。


ところで、ディズニーではどうして未曾有の震災に対して迅速かつ柔軟な対応をすることができたのでしょうか。

背景にあるのは、「理念」と「仕組み」です。

まず理念です。理念は「ハピネスへの道つくり」、そのためのガイドラインがあります。それが行動基準として表わされています。すでに紹介したように、ディズニーには「SCSE」(Safety＝安全、Courtesy＝礼儀正しさ、Show＝ショー、Efficiency＝効率)という行動基準があり、各要素が優先すべき順に並んでいます。

これによると、もっとも優先すべきは「安全」で、「ショー」は三番目です。このように企業として大事にすべきことが明確になっているので、現場のキャストは売り物のお菓子を配ったり、普段はゲストに見せてはいけない段ボールを配るという判断を下せました。

理念を具体化するには、仕組みも大切です。ディズニーは、「一〇万人の来園者がいるときに震度六の地震が起きたら」という想定のもと、綿密な避難計画を立てていました。この仕組みがあったからこそ、ゲストを適切に避難所に誘導して、非常食を提供することができました。

じつは、理念と仕組みの二つに加えたい要素がもう一つあります。

それは「行動」です。

震災の日、キャストが「安全が大事だけど、上から指示を受けたわけじゃない」と逡巡していたら、どうなっていたでしょうか。たとえ「安全を第一に考える」という理念を掲げていても、それを唱えるだけで安全は実現できません。キャストが具体的な行動を起こして、はじめてゲストの安全は現実のものになりました。

避難計画という仕組みも同様です。実行されない計画は、中身がどんなに立派なものでも無意味です。ディズニーは、年に延べ一八〇回の防災訓練を行っています。繰り返して実際に身体を動かして訓練したからこそ、いざというときにも慌てずに避難誘導ができたのです。

ディズニーのキャストには、理念や仕組みを絵に描いた餅に終わらせない実行力があります。それが三・一一のときの素晴らしい対応につながったのです。

どの職種でも理念は行動に落とし込める

顧客に感動をもたらすには、自社の理念を明確にして、それを具体化するための仕組みを整える必要があります。

ただ、それらが整ったからといって、感動が勝手に生まれるわけではありません。理念の明確化や仕組みの整備は、顧客に喜んでもらうための準備に過ぎません。準備したものを実行・実践してこそ、理念は現実のものになります。

自社の想いをきれいごとだと思わずに、必ず実現させると本気で考え、自らの行動に反映させられるかどうか——。

一人一人の社員がそのように動く組織が、顧客に感動をもたらすことができます。

自社の理念を実行に移せというと、

「理念が抽象的なので、自分の仕事でどのように具体化すればいいのかわからない」と質問されることがよくあります。

理念は抽象的に表現されている場合が多く、通常、そこに具体的な指示は含まれていません。そのため理念を具体的な行動に落とし込めず、結局は何もしていない人が多いのでしょう。

しかし、抽象的な理念も、突き詰めていけば必ず具体化が可能です。

ディズニーの理念「We Create Happiness」も抽象的であり、具体的な行動に関しては何も触れられていません。しかし、ディズニーのキャストは「ゲストにとっての幸せは何なのか」「どうすればゲストは幸せを感じるのか」と考え、具体的な行動につなげています。

たとえば「ジャングルクルーズ」というアトラクションでは、ゲストが乗り降りするときにキャストが軽く手を添えてくれます。これはゲストを安全に導くことが幸せにつながると考えたからです。

ショップでは、ほとんどのグッズをゲストが直接触って確かめられるようになっています。このやり方を「ソフトセル」といいます。ショーケースに入っていれば、ゲストはわざわざ店員を呼んで開けてもらわなくてはいけませんが、ソフトセルなら商品を直接確かめられるので、自分のペースで買い物することができます。これもゲストの幸せを突き詰めて考えた結果です。

表からは見えない仕事も例外ではありません。どのような職種でも、理念を具体的な行動に落とし込むことはできます。

私は飛行機の荷物を受け取るターンテーブルを見て、その思いを強くしました。外国の某航空会社のターンテーブルでは、スーツケースの車輪が外側に向いた状態で荷物が流れてきました。顧客の側からは取っ手に手が届きにくく、車輪をつかんで無理やり荷物を降ろしているおじいさんもいました。

一方、ＡＮＡのターンテーブルは違いました。すべてのスーツケースの取っ手が顧客側に向いた状態で流れてくるのです。

ＡＮＡの行動指針の中に、「常にお客様の視点に立って、最高の価値を生み出します」というものがあります。キャビンアテンダントなら、この理念は実践しやすいでしょう。一方、ターンテーブルに荷物を載せるのは裏方の仕事であり、作業員が顧客と直接顔を合わせることはまずありません。それでも作業員たちは「お客様にとって最高の価値とは何か」と考え、取っ手を顧客側に向けました。このようなちょっとした気配りが、理念を具体的な行動で示すということなのです。

ちなみに、ふと気になってＪＡＬのターンテーブルを見に行くと、こちらも取っ手が顧客側を向いた状態でスーツケースが流れてきました。私は日本企業の底力を見たようで、とてもうれしく思いました。

話を戻しましょう。

自社の理念は、どのような職種や職場でも具体化できます。「顧客と接しないから」「裏方の仕事だから」というのはいいわけに過ぎません。突き詰めて考えていけば、今の仕事でやれることは必ずあるはずです。諦めずに、しっかり考えてほしいと思います。

分度器一度の違いが明暗を分ける

ＣＳを向上させるためには、理念を具体化させるための行動が必要不可欠です。

私がこのように指摘すると、経営者の方から「ＣＳ優良企業は、さぞかし行動力のある社員で溢れているのだろう。うちとは、もとから違う」と嘆かれる場合があります。

しかし、ＣＳ優良企業は行動力のある社員ばかりというのは誤解です。ＣＳ優良企業であっても、すべての社員が行動力に溢れているわけではありません。それどころか、自ら行動する人としない人の割合はＣＳ優良企業と一般企業でほとんど変わらないのが実態です。

一般的に、組織は「優秀な人二〇％」「普通の人六〇％」「組織にぶらさがるだけの人二〇％」で構成されるといわれています。このことは俗に「二―六―二の法則」と呼ばれていますが、ディズニーのキャストについても、この法則はほぼ当てはまります（あくまでも私の感覚です）。

実際に、パークに行って観察してみてください。想いを具体化しようと行動に移しているキャストもいれば、そうした意識もなく漫然と働いているキャストもいます。「ディズニーだから一〇〇％優秀」というのが幻想であることがわかるはずです。

これは仕方のないことです。働きアリの集団にも、働かないアリが二割います。その集団から働かないアリを取り除いても、残ったアリの二割は働かなくなってしまうそうです。どんな組織にも手を抜く層が一定数できるのは自然の摂理であり、それはCS優良企業でも例外ではないのです。

では、CS優良企業とそうでない企業の「行動」は、どこに違いがあるのでしょうか。

私がよく話すのは、「分度器一度の違い」です。

分度器一度の違いは、手元で見ると本当にわずかな違いです。しかし、わずか一度の違いも、一〇〇メートル先まで線を引いていくと、はっきりと目に見える大きな違いになっています。

仕事も同じです。普通の人が「この程度でいいか」と思うレベルから、角度を一度だけ高めてやってみる。手元では小さな違いですが、それが顧客のもとに届くときには大きな違いになっています。

CS優良企業もそうでない企業も、自ら行動する人の割合はそれほど変わりません。しかしCS優良企業では、行動する人が一歩踏み込んで行動を起こします。その違いが、顧客にもたらす感動の差となってあらわれるのです。

行動する人の二つの特徴

分度器一度の違いで行動できる人について、もう少し考えていきましょう。

私は、行動力のある人には二つの特徴があると考えています。

ひとつめは、一〇〇%の確信がなくても動けるメンタリティを持っている、ということです。

CSセミナーを開催しているのでよくわかるのですが、世の中には研修マニアと呼ばれる人たちが少なからず存在します。研修マニアはセミナーをいくつもはしごしたり、同じ研修を毎年受講したりします。問題意識が高くて、性格も真面目なので、どれだけ学んでも「もっといい解決方法があるのではないか」と勉強し続けます。

向上心があるのは、いいことです。しかし、完璧な正解を求め続けるがゆえに、いつまでも行動しようとしません。ひょっとして行動しない言い訳のために研修マニアになっているのではないか、と邪推してしまうくらいです。

仕事で行動力に欠ける人にも、似たところがあります。これより他にいい方法があるのではないだろうか。自分で判断するより、上司に教えてもらってからやったほうがいいのではないだろうか。そのように考えているうちにタイミングを逸して、結局動かずに終わってしまうわけです。

一方、行動力のある人はひとまず答えを出して、六〇～八〇％程度の確信を得られたら、それを実行に移します。一〇〇％の確信を得るために情報収集や分析を始めたら、とてつもない時間がかかって、いつまでも動けなくなることを知っているからです。

六〇～八〇％程度の確信で行動すると、ときには失敗して悪い結果を引き起こすこともあるでしょう。しかし、行動して失敗したら、それをフィードバックして次の行動に活かせばいい。何も行動せずに失敗するより、ずっといいはずです。ダイキン工業の井上会長は「とにかく考えるより行動することが大事で、進めながら臨機応変にやり方を変えればいいのだ」と明確に言ってます。

ふたつめは、行動した結果、自分に返ってくるメリットを知っているという点です。ここでいうメリットとは、金銭的報酬を指しているわけではありません。理念を実現するために具体的なアクションを起こせば、たいてい何かのリアクションが起きます。理念の中身によりますが、たとえば顧客が笑顔を見せてくれたり、感謝されることもリアクションの一つです。このリアクションが、行動する人にとって大きな報酬になります。つまり行動する人は、自分の行動が顧客の笑顔につながるとわかっているから、汗をかくことをいとわずに積極的に動けるのです。

一方、行動が鈍い人は、「自分が動いたら、どのようなことが起きるか」ということについて意識が希薄です。自分の行動の結果を想像できなければ、受けられるメリットにも思いは至りません。行動するモチベーションが低下するのは当然のことです。

では、どうすれば行動の結果を想像させることができるのか。

いろいろと対応策が考えられますが、もっとも効果的なのは事例の共有でしょう。「あなたの行動が顧客の喜びにつながる」と抽象的な言葉で説明しても、創造力の乏しい人には実感を伴って伝わりません。リアルに想像してもらうには、やはり事例が一番。「従業員がこのように動いたら、このようなリアクションが起きた」というエピソードを示すことで、想像しやすくなるはずです。

第5章

プライドを喚起する

従業員がプライドを持てない会社はCSが低い

ある企業がCS優良企業かどうかを見極める、もっとも簡単な方法を紹介しましょう。

それは、従業員の表情を見ることです。CS優良企業では、従業員がプライドを持っていきいきと働いています。逆にCSの低い企業は従業員がイライラしていたり、自信なさそうな表情をしています。シンプルな見分け方ですが、かなりの確率で当たるので、ぜひ試してください。

従業員のプライドとCSの関係は、タマゴとニワトリの関係とよく似ています。

CSの高い企業は顧客から感謝を示されるため、おのずと従業員のプライドが喚起されます。つまりCSの高さが先にあって、その結果としてプライドが高まるわけです。

一方、従業員がプライドを持って働いているからこそCSが高くなるという面もあります。従業員がプライドを持って仕事をしていると、顧客は「さすがプロだ。頼もしい」「商品やサービスの質には自信があるのだろう」と考えて満足を深めていきます。

この場合はプライドが先で、ＣＳが後です。

どちらが先なのか、私にはよくわかりません。また、そこにこだわる必要性も感じていません。

大切なのは「従業員のプライド喚起↓ＣＳ向上↓プライド喚起……」というサイクルを回すことです。プライド喚起とＣＳ向上のどちらを起点にするにしろ、このサイクルが回り始めれば、ＣＳはスパイラルに高まっていきます。結果としてＣＳが大きく向上するなら、どちらが先であろうとかまわないはずです。


このサイクルが逆に回転し始めると大変です。

従業員が自分の仕事に誇りを持てなければ、仕事に〝やらされ感〟が出てきます。仕方なくやっている仕事は質が低下して、顧客の不満足につながります。顧客の足が遠のけば、「自分の仕事は世の中に必要とされていない」という思いが強くなり、さらにプライドを持てなくなります。

負の連鎖を断ち切って正しいサイクルに戻す方法は、二つしかありません。

何らかの手段でＣＳを高めるか、従業員のプライドを喚起するかです。ＣＳ向上のヒントについては他の章で解説しています。そこで本章では、従業員のプライドを喚起する方法について考えてみたいと思います。

従業員のプライド喚起はお金がかからないＥＳ

従業員のプライドについて考えるとき、注意していただきたいことが一つあります。従業員のプライドの高低と、ＥＳ（Employee Satisfaction＝従業員満足）は必ずしも一致しないということです。

従業員がプライドを持って働いている状態と、従業員満足度が高い状態は、よく混同されがちです。しかし、両者はイコールではありません。

ＥＳは、給料や労働環境によっても左右されます。仕事に誇りを持てるかどうかという要素もＥＳに影響を与えますが、あくまで一要素に過ぎません。そのため従業員がプライドを持って働いていなくても、高い給料がもらえるのでＥＳは高い、という状況が起こり得ます。

このことを理解していないと、従業員のプライドを高めるために給料を上げたり、福利厚生だけを充実させるという見当違いのことをしてしまうおそれがあります。

誤解のないように言っておきますが、ＥＳを高める目的で労働条件を改善するのは大変、結構なことであり、できるかぎり積極的にやるべきです。また、劣悪な労働環境は従業員のプライドを低下させるので、プライドを回復させるために労働条件を良くすることは大切です。

私がユニバーシティに異動になって最初に手掛けたことは休憩場所（ブレイクエリア）の改善です。壁は手垢で薄汚れ、床は傷だらけ、ソファは穴が空いていました。それらはキャストのモチベーションを下げる要因になります。会社はそのことをよく理解してくれ、三年で二八カ所の休憩所をすべてリニューアルしました。そのような場合は労働環境の改善が優先事項です。

ただし、労働条件の改善で高まる従業員のプライドには限界があります。そこを勘違いして、ある水準を超えて給料を上げたり福利厚生を手厚くしても、プライドの喚起にはつながらないのです。

たとえば高給をもらっているが、仕事に社会的意義を見出せない従業員がいたとしましょう。このとき給料を上げても、従業員は誇りを持って働けるようにはなりません。大切なのは、この仕事が社会貢献になることを理解してもらうこと。それによって従業員のプライドは喚起され、CSの向上にもつながっていきます。

CSを高めたければ、従業員の待遇を良くすることより、彼らのプライドを喚起することに焦点を当てるべきです。仕事にプライドが持てればCSは向上するし、同時にESも良くなるでしょう。

仕事に誇りを持てない原因は、組織への不信感

プライドを喚起することが大切と言われても、プライドは人の内面に関することなので、うまくつかみきれないという人もいるでしょう。

そこでまずはプライドの低い状態について具体的に考えていきましょう。

従業員のプライドの低さは、次のような現象として現れます。

「表情が暗く、元気がない」

「動きに機敏さがない」

「上司に指示されたり、顧客から要望されてから動き出す」

「『どうせうちの会社は……』といったネガティブな発言が珍しくない」

「顧客に対して、横柄な態度で接する」

従業員にこのような言動が見られれば、その従業員はプライドの低い状態と判断できます。


これらの言動のうち、最後の「顧客に対して、横柄な態度で接する」については解説が必要かもしれません。従業員が横柄な態度を取るのは、顧客にこびへつらっていないという意味で、むしろプライドが高い状態ではないかと考える人もいるからです。

しかし、その見方は表面的といわざるを得ません。自分の仕事に自信があれば、「こちらはベストを尽くしました。あとはお客様が判断してください」と謙虚な気持ちで商品やサービスを提供できるはずです。自分の仕事に誇りを感じている人ほど、偉そうなふるまいはしないものです。

顧客に対して横柄になるのは、むしろ自分の商品やサービスに自信がない証拠です。

「商品やサービスが二流だから、接客も二流でいい」とヤケになったり、「商品やサービスに自信がないことを顧客に見抜かれたくない」と見栄を張る気持ちが、横柄な接客となってあらわれるわけです。

このように、プライドの低さは現象面においてさまざまな形で現れます。

では、これらの現象がなぜ起きるのか。

プライドが低くなっている従業員に話を聞いていくと、根っこにあるものが見えてきます。

それは、組織への不信感です。

不信の原因はいろいろあります。たとえば高尚な理念を掲げているものの、実際にやっていることが場当たり的な企業はアウトです。従業員は上司の指示に従いつつも、「上司はこう言っているが、そのうちまた方針が変わるだろう」と考え、目の前の仕事を適当にこなすだけになります。

さらに、会社が自分たちのことを大事に扱わないとか、商品に欠陥があるのに、それを隠して売ることを指示されたといったことでも、組織に対して信頼感を抱けなくなります。

いずれにしても、組織を信頼できなくなったとき、人は自分の仕事にプライドを持てなくなり、先ほど示したような言動をとるようになります。

従業員のプライドが低いのは組織が信頼されていないせいであり、従業員個人の資質ややる気のせいではありません。ですから、適当に仕事をこなすだけの従業員に「プライドを持て」と叱っても効果は期待できません。

信頼を勝ち取るには、組織のほうが変わる必要があります。マネジメント層の方は、このことを肝に銘じてほしいと思います。

従業員に誇りを持たせる六つの方法

従業員に信頼されて、プライドを感じてもらえる組織にするには、どうすればいいのでしょうか。

人がプライドを持つきっかけはさまざまですが、自社や自分の仕事に対するプライドという点でいうと、「ユニークさ」「こだわり」「貢献」「会社の誠実さ」「上司、同僚の誠実さ」「チームワーク」という六つの要素の影響が大きいと思います。六つの要素に優れた組織では、従業員が自信をもって溌剌と働いています。

先ほども指摘しましたが、給料をやみくもにあげても従業員のプライドは高まりません。それよりも、これらの六つの要素の改善に取り組んだほうが、ずっといい効果があります。

それでは六つの要素について、一つ一つ解説していきましょう。

①人は「ユニーク」な企業に愛着を持つ

従業員は、他社にはない独自性が自社にあるときに、自社に誇りを持ちます。他社と違うところがエクセレントであるほど、プライドも大きく喚起されます。その意味で、ユニークさは「強み」と言い換えてもいいのかもしれません。

ユニークさにおいて私が注目しているのは、JR九州です。同社は日本発のクルーズトレイン「ななつ星」の運行を始めました。「ななつ星」は、客室の洗面鉢に陶芸家柿右衛門の有田焼を使うなど豪華絢爛な車両が特徴で、チケットが簡単に手に入らないほどの人気ぶりです。

それだけではありません。ＪＲ九州は、子連れ客が楽しめるように設計された「あそぼーい！」など、ユニークな列車を次々に運行させて、乗客を楽しませています。

こうしたユニークな列車を見て、従業員は「俺たちは他の鉄道会社とは一線を画している」と誇りを感じているはずです。

私は「ななつ星」を手がけた当時の社長、唐池恒二会長に話を聞いたことがあるのですが、会長は「列車の名前は、すべて私がつけた」と話していました。トップが積極的にユニークさに関与しているという点も、従業員の誇りにつながると思います。

② 徹底した「こだわり」がプライドを生む

こだわりは、自社がどうしても妥協することができない点を指します。ユニークさとかぶるところがありますが、こだわりは背景に自社の価値観があるという点でユニークさと異なります。

たとえばディズニーは、建物の外壁塗装にもこだわりを持っています。普通に足場を組んで味気ない囲いで覆うだけだと、非日常的なディズニーの世界観が壊れてしまいます。そこで囲いにもともとそこにある建物や風景の絵を描き、塗装中であることが目立たない工夫をします。もちろん絵を描けば、余分にお金や手間がかかります。それでも守りたい世界があるということが、まさにこだわりなのです。

園内に設置してあるゴミ箱にもこだわりがあります。ディズニーのゴミ箱には必ずフタがついていて、掃除をするカストーディアルキャストは、フタの裏まできれいに拭きます。

掃除の手間がかかるくらいなら、そもそも最初からフタなんてつけなければいいじゃないか、と考える人がいるかもしれませんが、それは顧客のことを見ていない考え方です。顧客の目線で考えると、ゴミがむき出しになって見えるゴミ箱より、フタで隠されているほうがいい。ディズニーの世界観を守る意味でも、ゴミ箱にフタは必要なのです。非日常の世界を作り出すことはディズニーのこだわりの典型的なものです。

さらにディズニーは、顧客から目に見えないところでも、さまざまなこだわりを持っています。たとえばショップの一軒一軒に「なぜこの店名がついたのか」というビハインドストーリーがあります。キャストは最初にそのストーリーを教えられ、ストーリーが示すものに恥じない行動をしようと心に誓います。

このストーリーは、パンフレットやガイドブックに載っていません。つまり外向けではなく、キャスト向けです。キャストにお店の価値を教えるなら、もっと簡単な方法が他にもたくさんあるはずですが、ディズニーはキャストの心に届きやすいように、わざわざビハインドストーリーを用意しているのです。

こうしたこだわりが随所にあると、従業員は「ここまで徹底している会社は他にない。うちの会社はすごい」と自社を誇りに思うようになります。

③ 事業を通して社会に「貢献」する

自分が勤める会社や仕事が社会にどれだけ貢献できているのかということです。社会に貢献している実感が強ければプライドは高まるし、貢献していない、さらには迷惑をかけているという実感があると、プライドは低下します。

ここでいう貢献は、ボランティアやメセナ活動を通してＣＳＲ（企業の社会的責任）を果たすことだけを指しているのではありません。もちろんボランティアは立派なことであり、それをすることによって従業員のプライドが喚起されることもあるでしょう。しかし、それ以上に重要なのは、事業を通して社会に貢献することです。

そもそも企業というものは、その企業が存続しているかぎり社会に貢献しているといえます。事業が成立しているのは顧客からお金をもらっているからであり、顧客からお金をもらえるのは、何らかの形で顧客に価値を提供できているからです。もし価値を提供できていないのであれば、その企業は社会から淘汰されていきます。

企業の社会貢献は、事業を通して行うのが本筋です。ボランティアやメセナは番外編、あるいはプラスアルファの活動として位置づけるべきでしょう。

そう考えると、今存続している会社は、たとえＣＳＲに積極的でなくても、必ず社会に貢献している部分があるといえます。

問題は、従業員がそのことを実感しているかということでしょう。せっかく社会に貢献している部分があっても、従業員がそれに気づいていなければ、プライドは喚起されません。これは非常にもったいない話です。

では、なぜ従業員は自社の貢献に気づきにくいのか。

その背景には、「課題発見→課題解決」型の仕事のやり方があると思います。課題発見は、商品やサービスの質を高めるうえで欠かせないプロセスです。しかし、課題発見は「何か問題はないか」という犯人探しの視線で行われてしまいます。要するにネガティブなところばかりに意識が行き、ポジティブな面に目が行かなくなってしまうのです。

とはいえ、課題発見自体は必要なプロセスなので、なくすことはできません。そこで提案したいのが、自社の貢献をみんなで話し合う時間を持つことです。家族や知人にいわば胸を張って言える自慢できるところやこだわりを話し合うのです。たとえば会議一〇回のうち九回は「課題発見→課題解決」に費やすとしても、一回は「うちの会社には、こんないいところがある」といって、いいところ探しをするのです。

イメージしていただきたいのは、成功事例の報告会です。

JR西日本は年に一回全社的なCSの活動発表会（CSフェスティバル）を開催しています。それぞれの支社で選ばれたセクションが晴れの舞台に登場して、CS活動の成果を発表するのです。もちろん会社の経営陣も全員参加です。あの大会に私も何度か招待されていますが、本当に感動します。社内LANによる中継は各支社にも配信されます。

「こういうプロジェクトをやったら、新規顧客が大幅に増えた」
「ある従業員が現場の判断でサービスをしたら、顧客から感謝の手紙が届いた」
このような事例を会議で共有できれば理想的です。もしふさわしい事例が簡単に見つからなくても、このような機会があれば、自社のいいところを探そうという意識が芽生えてきます。ポジティブな面を見るという意識づけのためにも、このような話し合いは必要です。

自社のいいところを話し合う機会がとくに効果的なのは、ＢｔｏＢ企業です。

ＢｔｏＣ企業は消費者の反応をダイレクトに受けるため、自分たちが顧客に提供している価値を比較的意識しやすい環境にいます。

一方、ＢｔｏＢの場合は、最終消費者までの距離が遠く、自分たちの社会的価値を実感しづらい構造になっています。ＢｔｏＢ企業は、いわば社会を陰で支える〝縁の下の力持ち〟ですが、自分たちが社会を支えている実感がないと、しだいに疲弊して力が入らなくなってしまいます。〝縁の下の力持ち〟企業ほど、自社のいいところに目を向ける機会が必要でしょう。

④ 従業員は「会社の誠実さ」を見ている

会社が社会に対して誠実であることも重要です。「貢献」が社会にとってプラスになることとすることなら、「誠実さ」は社会にマイナスになることをしないことだといえます

具体的には、法令違反をしない、たとえ合法でも道義的に疑問があることはしない、社会に対してウソをつかない、といったことが当てはまります。

会社が社会に対して誠実さを持っているかどうか。それが如実にあらわれるのは、不祥事が発覚したときでしょう。表では立派な企業理念を掲げているのに、裏では一八〇度違うことをやっていたというケースは論外です。不祥事が想定外の事故だったとしても、その後の対応でいい加減なことをしていれば、世間は「不誠実な会社だ」と判断します。

そうした世間の評判は、従業員の心に暗い影を落とします。会社が不誠実な対応をするほど従業員のプライドが低下するのは明らかです。

「自分は会社の一員だから、批判は甘んじて受け止め、次に活かせばいい」

なかには、世間からの批判をそうやって前向きにとらえられる人がいるかもしれま

せん。ただ、世間は冷たいもので、「あの子のお父さんは、○○社の社員なんだって」と、ときにわが子まで肩身の狭い思いをすることがあります。自分のことなら耐えられるタフな精神の持ち主も、身内が巻き込まれるのは相当つらい。そのような経験をすると、やはりプライドを保つのは困難です。

たとえ利益が見込めても、企業は社会から後ろ指をさされることをしてはいけません。また悪意がなくても結果として社会に迷惑をかけてしまったら、利害を度外視しても、誠心誠意の対応をする必要があります。従業員は企業のそうした姿勢に信頼を置き、誇りを感じるのです。

⑤社員は「上司、同僚の誠実さ」に憧れる

ある自動車メーカーが、入社して半年後の新入社員たちに、「この会社に入ってよかったと思うのは、どのようなときか」というアンケートを取ったそうです。このとき一番多かった答えは何だと思いますか。

入社して良かった理由は、高い給料でも、おしゃれなオフィスで働けることでもありませんでした。

もっとも多かった答えは、「先輩の働く姿がかっこよかった」。つまり新入社員たちは、先輩が誠実に働く姿を見て、「この人たちと同じ会社に働けるのはうれしい」と誇りを感じたのです。

このことは、逆のパターンを考えてみるとわかりやすいと思います。希望で胸を膨らませて入社してみたら、先輩たちは陰で手抜き仕事をして、「バレなきゃいいんだ」と会社の経費をちょろまかす始末。この様子を見て、会社に誇りを持てる人はいません。おそらく新入社員の多くは「入る会社を間違えた」と後悔して、肩を落とすはずです。

従業員がプライドを持てるのは、一人一人が仕事に誠実に取り組んでいる職場です。まわりに尊敬できる先輩や同僚たちがいてこそ、従業員は「この組織の一員になってよかった」と思えるのです。

とくに重要なのは、上司の姿勢です。若い社員にとっては、上司がロールモデルの一つです。ロールモデルとなる上司がかっこよく働いていないと、「自分も一〇年後はこうなっているのか」と悪いイメージを膨らませて、モチベーションを低下させます。上司は、若い社員が「いつか自分も、あの人のように活躍したい」と憧れるような働き方を率先してやるべきです。そうしたマネジャーが多い企業は、おのずと従業員のプライドも高まるはずです。

⑥イベントで「チームワーク」を醸成する

プライドを喚起する要素として忘れてはいけないのが、チームワークです。

チームで何かを成し遂げた経験は、仲間に対する情愛や尊敬の念を育み、チームや組織へのロイヤリティーを高めます。ひらたく言えば、チームで困難を乗り越えることによって、自分もその一員で良かったという思いが湧いてくるのです。

大切なのは、人と人の絆を感じさせることです。現代の仕事は分業化が進んでいるため、一つの仕事に大勢の人がかかわっていることが見えにくくなっています。なかには自分一人で仕事をした気になっている人もいますが、それは間違いです。企業は従業員に対して、仕事はチームで成り立っていることをしっかり教える必要があるでしょう。

みなさんは「ネッツトヨタ南国」という会社をご存じでしょうか。同社は、トヨタ系ディーラー全国約三〇〇社の中で連続して顧客満足度一位を取り続けているCS超優良企業です。

ネッツトヨタ南国はCS向上のためにさまざまな取り組みをしていますが、なかでも驚かされたのがイベントです。ディーラーのイベントといえば試乗会です。ただ、車に試乗できるというだけではそれほど集客ができません。そこで夏祭りなどの名目で風船を配ったりして、人を集めるわけです。

しかし、ネッツトヨタ南国のイベントは違いました。企画されたのはピクニックで、どこにも車がないのです。

企業が行うイベントは、基本的に販促が目的です。それなのに、なぜわざわざ社員を駆り出し、販促につながらないイベントをやるのか。不思議に思って尋ねると、社長は次のように解説してくれました。

「社員がお客様と一緒になって一つのものを成就させるのは、とても有意義なこと。イベントをチームワークで成功させた経験をすることで、社員はいきいきとしてくるのです」

チームで何かを成し遂げることで人と人の絆を意識させ、このコミュニティの一員で良かったと感じてもらう。ネッツトヨタ南国は、それを目的としてイベントを行っていたのです。

イベントでチームワークを強化するという点では、社員旅行や運動会といった社内イベントも効果的でしょう。

じつはディズニーも、キャストが参加するカヌー大会を毎年開催しています。会場は、蒸気船マークトウェイン号が浮かんでいるアメリカ河です。そこに開園前の六時半から集まり、キャスト対抗でカヌーレースをします。

カヌーは、チームワークを高めるのに最適な乗り物です。オールを水に入れるタイミングがズレると、オールが抵抗になってスピードが落ちてしまいます。速く漕ぐには、みんなで息を合わせて同じ動きをする必要があります。それを狙ってカヌーという競技を選んだわけではないのですが、結果的にはチームの結束力を高めるのに大いに役立っています。

キャストは、この恒例イベントを楽しみにしていました。朝が早いため、家が遠いキャストや遅刻しそうなキャストは、家の近いキャストのところに集まって、前日から泊まり込みます。いつもと違う状況でコミュニケーションを取るので、お互いの理解が深まってチームワークがさらに強固になります。これもイベント効果の一つです。

高度成長期の日本企業では、このような社内イベントがいろいろと行われてきました。しだいに「プライベートと区別したい」「業務外の時間まで拘束されたくない」といった声に押されて消滅していきましたが、従業員のプライドを喚起するという意味では絶好の機会を失ったといえます。

ただ、最近は社内イベント復活の動きもあるようです。モバイルゲームで急成長したＤｅＮＡは、横浜スタジアムを借り切って全社員参加の運動会を開催しました。かつての日本企業と対極に位置する新興ＩＴ企業に、このような動きが見られるのは興味深いことです。今後、このような動きが広がってくれれば、プライドを喚起される従業員も増えてくるのではないでしょうか。

第6章

顧客の期待を超える

なぜ顧客の期待を超える必要があるのか

企業のCS担当者から、次のような相談を受けることがあります。

「CS向上計画を実行した結果、顧客にはそれなりに喜んでもらえたようです。ただ、そのわりにリピートは増えていないし、CSの指標も伸び悩んでいます。顧客の反応がよかったのに、なぜCSが向上しないのでしょうか……」

この悩みは、けっして珍しいものではありません。顧客起点で理念を掲げ、理念を具体化するための仕組みを整え、実際に行動に移せば、かなりの確率で顧客に喜びをもたらすことができます。ところが、顧客が喜んでくれたにもかかわらず、リピートというアクションにつながらないケースもあるのです。

この現象を解くカギは、「感動」にあります。

CSには、三つのレベルがあります。もっとも低いレベルは、「不満足」。何か嫌な思いをしたり、価格を下回る質しか感じられなければ、顧客は不満を抱きます。

その次が「満足」です。満足は、顧客のニーズが満たされ、商品やサービスに対しても不満がない状態です。

CSには、さらに上のレベルがあります。それが「感動」です。感動は、当初の期待を超える商品やサービスと出会ったときに起こります。「ここまでやってくれるとは思わなかった」「こんな経験をしたのははじめて！」というときに感動が生まれ、CSは最上級のレベルに達するのです。

三つのレベルを理解すれば、先ほどの現象も説明がつきます。

顧客が喜んでくれているのにリピートが増えないのは、CSが「満足」のレベルにとどまっているからです。満足状態にある顧客は、商品やサービスに対して好印象を抱いていています。しかし、好印象を抱いているという程度では、積極的なリピートを引き起こすことができません。同じレベルで好印象を与えてくれる競合は、他にもたくさんあります。満足しているというレベルでは、どんぐりの背比べ。競合と決定的な差をつけることはできません。

リピート率を高めるには、CSを感動レベルまで引き上げる必要があります。顧客を満足させるだけでなく、心を震わせるような感動を与えて、自社のファンになってもらう。そのレベルに達してはじめて顧客は積極的にリピートしてくれるのです。

ディズニーのリピート率が高いのも、顧客が感動を体験しているからです。

拙著『ディズニー　そうじの神様が教えてくれたこと』に、パークでプロポーズをしようとやってきた男性ゲストが婚約指輪を落としてしまい、カストーディアルが広いパーク内を懸命に探して見つけ出したというエピソードを紹介したことがあります。このエピソードは、私が実際に経験したことをベースにして創作した架空のストーリーです。

ところが出版後、読者の方から「自分も似た経験をして感激した」「私も絶対に見つからないと諦めていた落し物が戻ってきた」という手紙を何通もいただきました。どうやら私が離れた後も、パークでは感動的な出来事が次々と起こっているようです。それがリピート率の高さにつながっていることは間違いありません。

感動レベルの商品やサービスを提供するのは、もちろん簡単なことではありません。とくに日本は消費者の目が肥えていて、商品やサービスに求める水準が高くなってい

図5｜CSとはどういうことなのか?

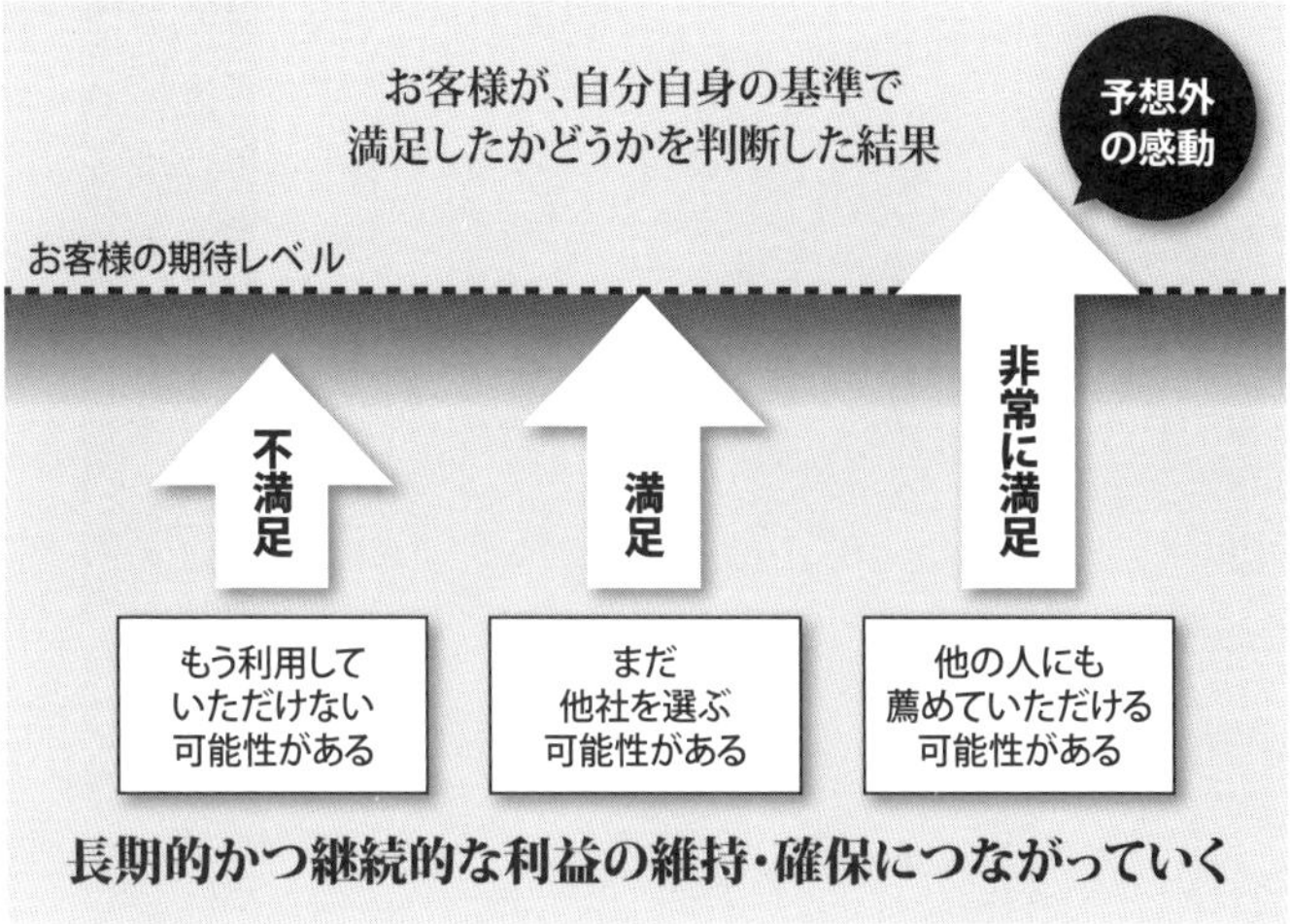
お客様が、自分自身の基準で
満足したかどうかを判断した結果
予想外
の感動
お客様の期待レベル
不満足
満足
非常に満足
もう利用して
いただけない
可能性がある
まだ
他社を選ぶ
可能性がある
他の人にも
薦めていただける
可能性がある
長期的かつ継続的な利益の維持・確保につながっていく

ます。そのため、海外ならば感動を呼ぶような高水準のサービスも、日本では「それくらいあたりまえだ」と受け流されてしまいます。こうした環境の中で顧客の期待を超えるのは、並大抵のことではありません。

しかし、顧客の要求水準が高いからこそ、一線を越えたときには「まさか！」という大きな感動が生まれます。顧客をそのレベルで喜ばせることができれば、リピート率は必ず向上します。

（※図5参照）

アンケート主義では「感動」は生まれない

自社の商品やサービスの評価を知るために、顧客を対象にしたアンケート調査を行っている企業は多いでしょう。

顧客アンケートは、企業の通信簿です。いい商品やサービスを提供すれば、アンケート調査でいい結果が出ます。逆に質が低ければ、顧客から酷評され、感想欄はクレームで埋まってしまう。アンケート結果はじつに正直であり、CS担当者はその結果を重く受け止めて改善につなげる必要があります。

ただ、私は顧客アンケートに振り回されるのも良くないと思っています。CS担当者は、あえてアンケートと距離を置く勇気も必要です。

理由は二つあります。

まず一つは、アンケート分析に力を入れすぎて、現場に入って顧客の声を聞くという基本が軽視される傾向があるからです。

顧客は感じたことすべてをアンケートに書いてくれるわけではありません。言葉にされなかった思いをアンケートの行間から読み取るのは限界があります。それよりも現場で顧客の表情を見たほうが、ずっと多くのことがわかります。

ディズニーでは、スーパーバイザーが各部門に配置されています。彼らは単に管理をする要員ではありません。卓越した審美眼を持ち、現場を含めてスーパービジョンするのが仕事です。CS担当の役割も同じです。CS担当は、データ分析屋さんではない。顧客に対するスタッフの接点をしっかり見るべきなのです。

最近、飛行機に乗った時に唖然とするような機内アナウンスに遭遇しました。もう夏の終わりで急に気温が下がって半袖では寒いような日に「残暑厳しい折、皆様におかれましては体調管理にお気をつけてお元気にお過ごしください」というアナウンスが流れてきたのです。

これは相当に重症ですが、現場では、このように失笑を買うような接客が時折行われます。自分で現場に足を運ばなければ、こうした事態は把握できません。

いずれにしても、現場にはCS向上に役立つさまざまな情報が満ちています。CS担当者は自ら現場に入ってそれらの情報を収集すべきですが、アンケート分析にばかり注力して実態を確認する機会を失っているのです。これではCS向上のチャンスを自ら放棄しているようなものです。

アンケートから距離を置くべき理由は、もう一つあります。アンケートを含め、顧客の声を聞いて期待に応えるだけでは、CSの向上が頭打ちになるのです。アンケート重視の弊害としては、二つ目の理由のほうが大きい。どういうことか、さっそく説明しましょう。

顧客はアンケートで、自らの期待を明らかにしてくれます。期待は、「こういうサービスがあるとうれしい」とストレートに表現されることもあれば、「接客が不愉快だった（↓接客の質を向上してほしい）」「料理が冷めていた（↓温かい状態で食べたい）」というように、クレームとして表現されることもあります。

これらの期待に応えれば、たしかに商品やサービスの質は高まり、CSは一定水準まで向上するでしょう。しかし、顧客が想定しているレベルの期待に応えても、これまでマイナスに感じていたものがやっとゼロになるだけです。CSのレベルでいえば、不満足がせいぜい満足に変わる程度です。

もちろん不満足な状態を放置しておくことはできません。顧客の期待を明らかにしてそれに応えることは、CSを向上させるうえで避けて通れないプロセスです。しかし、そればかりやっていても満足レベルの壁は突破できないことを肝に銘じておく必要があります。

CSを感動レベルに引き上げるには、顧客アンケートに頼るのではなく、別のアプローチで商品やサービスを考えなくてはいけません。別のアプローチについてはこの後解説しますが、まずは発想を切り替えるために、不満足解消型の思考をいったん捨てたほうがいい。顧客アンケートと距離を置けというのは、そういう意味です。

潜在的ニーズを想像して、勇気を持って提案する

CSを感動レベルに高めるには、顧客の期待に応えるだけでは不十分です。

では、顧客はいったいどのような場面で感動を覚えるのか。

ひとことでいうと、未知なるものに出会ったときです。どれほど質の高い商品やサー

ビスも、すでに経験しているものなら顧客にとっては想定内といえます。感動を起こす条件は、顧客の想定を超えること。これまでに経験したことのない価値を提供できたとき、顧客は心を揺さぶられます。

もちろん、未知なるものなら何でもいいわけではありません。顧客が感動するのは、出会った瞬間に「これこそ自分が求めていたものだ」と感じる商品やサービスです。未知なるものの中でも、顧客に潜在的なニーズがあり、具体的に提示されてはじめてそのニーズに気づかせてくれた商品やサービスに、顧客は感動を覚えます。

本人も気づいていないニーズが満たされたときに感動が生まれるのだとすると、企業が取るべきアプローチも見えてきます。

まず、顧客の潜在的なニーズを把握すること。そして、潜在的ニーズを満たす商品やサービスを具体化して提案すること。これがうまくいったとき、ＣＳは感動レベルに達します。

潜在的ニーズと聞いて、なかには頭を抱えてしまう人がいるかもしれません。

顧客が自覚しているニーズなら、アンケート調査で把握することができます。一方、潜在的ニーズは本人も無自覚なので、いくらアンケートを取ってもわかりません。そのようなものを把握するのは無理ではないか、というわけです。

この指摘は、ごもっともです。実際、顧客の潜在的ニーズを正確に把握することはできません。企業にできるのは、想像することだけ。「顧客はこんな商品を望んでいるのではないか」「こうしたサービスをすると、顧客は驚くのではないか」と勝手に想像して、それを具体化するしか道はないのです。

ただ、想像するしかないからといって、破れかぶれになる必要もありません。

想像力は、観察によって磨くことができます。何もないところから想像するのは「空想」に過ぎませんが、観察したディテールを材料にして考えを組み立てれば、想像は現実感のある「仮説」になります。仮説の精度を上げるには、対象に好奇心を持って観察すること。これに尽きると思います。

顧客に関心を持っていない人はダメです。顧客の潜在的ニーズについてまったく想像がつかないという人は、まず顧客に関心を持つところから始めるべきでしょう。

もう一つアドバイスをつけ加えると、会社にいるときだけ顧客のことを考えている人には、残念ながら驚きを考えだすことはできないと思います。オンとオフをしっかり区別することがさも良いようなことをいう人がいます。確かにオフを取って体を休めることは大切ですが、本当に仕事ができる人は、オフの時間も常に顧客のことを考えています。プライベートでもいろんな観察をしてヒントを得ようとしています。その積み重ねが、仮説の精度につながっていくのです。

顧客の潜在的ニーズについて仮説を立てたら、それに基づいてつくった商品やサービスを、勇気を持って提供することも大切です。

たとえ仮説の精度が上がっても、仮説が外れるリスクは常に存在します。しかしそれを恐れていたら、いつまでも仮説を検証することはできません。外れるリスクを受け止めたうえで、勇気を持って実行に移す。その姿勢が必要です。

その点でいうと、ディズニーシーの建設に踏み切ったディズニーの決断は秀逸でした。東京ディズニーランドには、米国のディズニーランドというお手本がありました。「ビッグサンダー・マウンテン」や「スプラッシュ・マウンテン」といったアトラクションも、アメリカで実績があり、安心して導入することができました。

しかし、「海」をコンセプトにしたテーマパークは、世界のディズニーで初めて。

まさに未知なるものであり、ディズニーファンに受け入れられるかどうか、確実なことは誰にも言えませんでした。しかも、シーの建設にはとてつもない投資が必要です。仮説が外れて顧客にそっぽを向かれれば、会社が傾きかねません。

それでもディズニーは、リスクを取ってシーの建設を決断しました。その結果がどうなったのか、あらためて言うまでもないでしょう。

未知なるものを新しく作り出そうとすれば、必ずリスクは伴います。逆に言えば、リスクを取らない会社に新しいものは生み出せないし、新しいものを生み出せない会社が感動を引き起こすこともできません。そのことを胸に刻んで、一歩前に踏み出してほしいと思います。

「ディズニーは永遠に未完成」の意味

顧客が感動するのは、未知なるものと出会ったときです。

そう聞いて、頭のいい人は次のような疑問を抱くかもしれません。

「未知なるものが感動を呼ぶのはわかる。でも、一回出会って感動してしまったら、もう未知のものではなくなる。だとしたら、結局はすぐに飽きられてしまうのではないか」

この問いは、CS向上を考えるうえでとても重要です。

顧客に未知の商品やサービスを提供することによって感動を与えることができても、二度目、三度目と経験するうちにインパクトは薄れてきます。人間の心理を考えれば、やがて飽きを感じるのは仕方のないことです。

では、企業は顧客が飽きる様子を眺めているしかないのでしょうか。もちろんそんなことはありません。

ここでご紹介したいのは、ウォルト・ディズニーの言葉です。一九五五年、カリフォルニア州アナハイムに世界初のディズニーランドがオープンしたとき、ウォルトは次のように語りました。

「ディズニーランドは、けっして完成することはありません。世界に想像力があるかぎり、永遠に成長し続けます」

ディズニーが未完成というのは、完成しないまま見切り発車でオープンさせたという意味ではありません。現時点では最高のものだが、今が終着点ではなく、常にベストを更新していくという意味です。

顧客の心を震わせる商品やサービスについても、同じことがいえるのではないでしょうか。未知なるものを顧客に一度提供できたとしても、そこがゴールではありません。顧客を感動させたことに満足することなく、さらに想像力を発揮して新しい価値を生み出していく。それを愚直に繰り返すことで、顧客の心をつかみ続けることができるのです。

実際、ディズニーが長く愛されているのも、現状に満足することなくスクラップ&ビルドを繰り返してきたからでしょう。

たとえば先ほど紹介したディズニーシーの建設は大きな挑戦でした。アトラクションでいえば、「カリブの海賊」は映画『パイレーツ・オブ・カリビアン』の要素を取り入れてリニューアルしたし、「シンデレラ城ミステリーツアー」のようになくなってしまったものもありました。いずれも人気のあるアトラクションでしたが、ディズニーにとっては未完成。ゲストにさらなる感動を与えるためには、絶えず変化を続けていかなくてはならないのです。

ちなみにオープン以来変わらなかった「ジャングルクルーズ」も、二〇一四年にとうとうリニューアルしました。まだ私は乗っていないのですが、人気アトラクションがどのような進化を遂げたのか、非常に楽しみです。

新しい価値と、変えてはいけない価値

スクラップ&ビルドを行うとき、注意してもらいたい点が一つあります。新しいものを生み出すためにとにかく壊せばいい、というのはさすがに極端です。インパクトが薄くなったものを壊していく一方で、守るべきものは守り続けていく。そのバランスが大切です。

ディズニーにも、昔からほとんど変わっていないアトラクションがあります。ディズニーでもっとも古いアトラクションの一つである「魅惑のチキルーム」は、今も健在です。「魅惑のチキルーム」は、鳥や花がオーディオアニマトロニクス（オー

ディオ、アニメーション、エレクトロニクスを組み合わせたもの）で動くショー形式のアトラクション。ショーの内容はリニューアルされましたが、基本的には昔のままです。

東京ディズニーランドの開園時からあるメリーゴーラウンド「キャッスルカルーセル」もそうです。名称こそ途中で変わりましたが、優雅に回る白馬たちは開園当初のたたずまいを今も見せています。

どうしてこれらの定番アトラクションを取り壊して、もっと派手で集客力のあるものにつくりなおさないのか。

それは、定番アトラクションには定番なりの感動があるからです。年配のゲストは、メリーゴーラウンドを見て、「息子が小さいころ一緒に乗ったな」と過ぎし日を思い出すかもしれません。成長して大人になった息子も、わが子を連れてきて一緒に温かい時間を過ごすことがあるでしょう。そのとき胸に広がる気持ちは、未知なるものによって起きる感動とは種類が違うものの、とても貴重なものであるはずです。

もし定番のアトラクションがなくなれば、ディズニーはテーマパークとしての奥行きを失ってしまうでしょう。新しい価値を生むために絶えず進化を続ける一方で、昔から変わらない価値を提供し続けるからこそ、ディズニーは長く支持されているのです。

新しい価値と、変わらない価値。この二つのバランスが大切であることは、他のビジネスも変わりません。

今事務所の近所に、家族経営の小さな大福屋さんがあります。お店に行くと、毎回創作の和菓子が並んでいて飽きません。一方で、この店ではいちご大福が定番商品になっていて、しっかり固定ファンをつかんでいます。私は気分によって創作菓子かいちご大福かを選んでいますが、こうして選べることが何よりもありがたい。味がおいしくても、どちらか一つしか用意されていなければ、足が遠のいていたかもしれません。

CSを感動レベルに高めるには新しい価値の提供が欠かせませんが、そればかりでは安定感に欠け、顧客離れの一因になります。未知なるものを追求する一方で、何を変わらない価値として残すのか。CS担当者は、このことをぜひ頭に入れておいてほしいと思います。

お金をかけなくても感動はつくれる

ディズニーは顧客に感動を与え続けるためにスクラップ&ビルドを繰り返しているという話をご紹介しました。この話を聞いて、「うちには、新しい設備投資をする余裕なんてない。感動を起こすには結局、多額のお金が必要なのか……」と愚痴をこぼしているCS担当者はいないでしょうか。

感動を生めるかどうかは、お金しだい——。

その見方の半分は正解ですが、半分は間違いです。どういうことか、さっそく説明しましょう。

顧客の期待を上回る商品やサービスをつくるのにお金がかかることは事実です。企業はそのために積極的に投資すべきだし、サービス体制を整えるために現場にも予算をつけるべきです。

たとえば高級ホテルチェーンのリッツ・カールトンには、顧客に感動を与えるために従業員一人あたり二〇〇〇ドルまで経費を自由に使ってもいい、という仕組みがあります。この仕組みを活用することで、さまざまな感動ストーリーが生まれています。

大阪のリッツ・カールトンに宿泊した顧客が、客室に大事な書類を忘れてチェックアウトしました。顧客は東京で行われる学会に参加するために一路、東京へ。大事な書類を忘れたことに気づいたのは、すでに東京に到着した後。今から大阪に取りに戻る時間はありません。

東京から電話を受けたリッツ・カールトンの従業員は、どうしたか。なんと自ら新幹線に飛び乗って東京まで書類を届けました。書類は学会発表に間に合い、事なきを得たそうです。

こうした対応が可能だったのは、従業員一人、二〇〇〇ドルまでの使用が認められていたからです。顧客のために臨機応変に動けるように現場に裁量を与える企業は増えてきましたが、裁量が与えられていても、お金の問題で行動に移せないのではもったいない。企業はケチケチしないで予算をつけて、現場が動きやすいようにしっかりサポートすべきでしょう。

ただ、お金がなければ感動を起こすことができないのかというと、けっしてそんなことはありません。たとえ予算が少なくても、やり方しだいで感動を起こすことは十分に可能です。

例を一つあげましょう。

福井県済生会病院にCS研修でうかがったときの話です。私の講義を、従業員の方がいくつかのグループに分かれて聞いていました。ふと会場に目をやると、それぞれのグループの机の真ん中に、お菓子が入ったバスケットがあって、かわいらしい造花が飾られていました。聞いてみると、「リラックスして研修を受けられるように」とCS担当の方が気を利かして用意してくれたものだとか。

私はさまざまな企業・団体で研修を行ってきましたが、運営者が参加者に向けてこのような心配りをしていたところははじめてでした。私は顧客ではありませんが、想定を超える演出に大いに感動しましたし、参加者も気持ちよく研修を受けることができたでしょう。

さて、担当の方が用意してくれたバスケットや造花は、すべて一〇〇円ショップで購入したものだったそうです。安さが売りの商品ですから、品質は最高レベルのものではありません。それでも私たちが感動したのは、「院内向けの研修なので、こんなものだろう」という常識を超えたおもてなしを受けたからです。お金がかかっているかどうかは直接関係ありません。院内研修なのに、わざわざここまで手間をかけてくれた担当者の想いに心を打たれたのです。

想いが大切であることは、顧客向けの商品やサービスでも同じでしょう。予算を潤沢に使えるならばそれに越したことはありませんが、お金をかけられないから顧客の期待を上回れないというのも間違いです。

重要なのは、顧客を喜ばせたいという想いです。そうした想いが根底にあれば、お金をかけずに感動を起こすことができるのです。

ちなみに福井県済生会病院は2012年に日本経営品質賞を受賞しています。「患者さんの立場で考える」という理念を追求し、患者満足を向上させたことが高く評価されての受賞です。患者満足の向上の背景には、組織的なさまざまな取り組みとともに、繊細な気遣いができる職員の方の〝おもてなし力〟があったことは間違いないでしょう。

感動の源泉は「イノセンス」

CSを感動レベルまで高めるには、顧客の期待を上回る商品やサービスを提供しなければなりません。そういわれても具体的なアイデアが浮かばないという人のために、ヒントとなるキーワードを紹介しましょう。

ウォルト・ディズニーは、感動のメカニズムについて次のような言葉を残しています。

「感動の源泉、それはイノセンスにある」

イノセンスとは、純粋無垢ということ。つまり人は純なるものを求め、それと出会ったときに感動が起きるというわけです。

純粋なものに魅かれる気持ちは、みなさんも実感として理解できるでしょう。NHKの連続テレビ小説『あまちゃん』が高視聴率だったのは、素朴で純情な人々の心を描いたからです。高校野球に感動するのも同じです。健気さと一心不乱に白球を追う、その姿に人々は胸を打たれます。

では、どのような商品やサービスが純粋無垢なのか。

純粋な商品やサービスをひとくちに説明することは難しいですが、少なくても、純粋無垢の対極にある「欲」や「損得」を感じさせるものとは違うといえるでしょう。

世の中には、「これを買えばみんなに自慢できる」「このサービスを使うとお金が儲かる」というように、人間の見栄や物欲、金銭欲を刺激する商品やサービスがたくさん存在しています。

しかし、それによって欲が満たされても、感動するどころか、かえって空しさを感じる場合もあります。むしろ欲や損得と離れたところで商品やサービスの提供を受けたとき、人は感動を覚えるのではないか。私はそう思います。日本人がもっている「おもてなし」の心です。

もはや酸いも甘いも噛み分ける大人になってしまったので、いまさら純粋無垢なものについて考えられない、という心配は無用です。かつてウォルト・ディズニーは、自分の映画についてこう語ったことがあります。

「子どものために映画をつくったのではない、誰の心にもある子どもの心のためにつくったのだ」

人は年齢を重ねるにつれて人間社会の複雑さを知り、それを受け止めながら大人になっていきます。ただ、大人になってもピュアな心が失われるわけではありません。誰の心にも子どもの心は残っている。ウォルトはそう信じて映画をつくっていました。

ウォルトの指摘は正しいと思います。きっとみなさんの中にも、子どものこころのままピュアな心が眠っているはずです。その声に耳を傾ければ、純粋無垢な商品やサービスのアイデアが浮かんでくるのではないでしょうか。

第7章

個人の主体性を喚起する

「主体性」があれば最高のタイミングでサービスできる

ＣＳ優良企業に共通する要素として最後に強調しておきたいのが、従業員個人の「主体性」です。

顧客に感動を与えるサービスはマニュアルから生まれないということについては、すでにお話ししました。顧客のニーズは一人一人違います。一〇〇人いれば、ニーズも一〇〇通りです。それらに画一的なマニュアルで対応することは不可能です。感動は、常にマニュアルを超えたところから生まれます。

では、マニュアルに書かれていない状況が生じたとき、現場は誰の指示を仰いで行動すればいいのでしょうか。

ディズニーの事例を紹介しましょう。パレードをとても楽しみにしていた親子連れのゲストがいました。ところが、雨が降ってきてパレードは中止に。見やすい位置で待っていた親子連れは、中止と聞いてガッカリ。子どもは泣き始めてしまいました。

そこにたまたま一人のカストーディアルが通りかかりました。

（パレードが中止になって落胆している子どもを、どうにかしてハッピーにできないだろうか……）

ただ、マニュアルには「泣いている子どもを笑顔にする方法」なんて書いてありません。そこで彼は水たまりにほうきの柄をつけて、ミッキーマウスの絵を地面に描きました。これを見た子どもはすっかり泣きやんだそうです。

この出来事があったのは二〇〇六年。カストーディアルが水たまりの水で描くアートはすっかり有名になって、今では他のカストーディアルも絵を描くスキルを身につけています。

さて、泣いている子どもを見たとき、カストーディアルは誰の指示を仰いだのでしょうか。

それは、他ならぬ自分自身です。彼は誰かに指示されたのではなく、自分で瞬時に判断して水たまりアートを描いたのです。

これはとても重要なポイントです。

マニュアルで対応できない状況で真っ先に求められるのは、自分の判断です。サービスは生ものであり、一分前なら最高だったサービスが、誰かに指示を仰いでいる間に状況が変わって無用になるおそれもあります。最高のサービスを最高のタイミングで提供するには、人の指示に頼らず、自分で決断を下す必要があります。その判断をするときに欠かせないのが「主体性」というわけです。

ＣＳ優良企業は、現場の一人一人が主体性を持って働いています。そのため適切なタイミングを逃さずにサービスを提供することができ、ＣＳ向上に貢献しているのです。

自主性と主体性、どちらが重要か

主体性と混同される概念に「自主性」があります。この二つは似ているようで違います。

主体性は、自分が自分に対してリーダーシップを発揮することです。何をいつどのようにやるのかということについて自分で判断して動いたとき、「あの人は主体性がある」という評価になります。

それに対して自主性は、ある事柄を積極的にやることを指します。主体性と似ていますが、自主性は、何をどのようにやるのかを自分で考える必要はありません。やるべきことは決まっていて、あとはやるか、やらないか。そのときに問われるのが自主性です。

4章で、想いを具体化するには「行動」が大事だといいましたが、このときの「行動」は、すでに決まっている企業理念を実行に移す、あるいは用意されている仕組みを動かすという意味で自主性に近い。主体性は、何をするのかという判断まで含まれているイメージです。

たとえば夏休みの宿題で、自由研究のテーマを自分で決めるのは主体性で、母親から怒られる前に自分から計算ドリルをやるのが自主性、といえば二つの概念の違いが伝わるでしょうか。

自主性だけの人と主体性を持っている人の違いは、仕事の場面でも如実にあらわれます。

たくさんのテナントが集まるショッピングモールで、自店舗の中にごみが落ちていれば、普通は誰でも拾って片付けるでしょう。しかし、ごみがショッピングモールの通路に落ちていたらどうでしょう。自主性だけの人は、通路を清掃する人がいるからその人に任せて自分は何もしなくていいと考えるかもしれません。一方、主体性のある人は、通路に落ちているごみも自店舗内のごみと同じように拾って片付けるでしょう。

同じような場面に遭遇しても、自主性だけの人と主体性を兼ね備えている人では、その後の動きが変わってくるのです。

このように自主性と主体性の間には大きな差がありますが、さまざまな企業の経営者やマネジャーに話を聞くと、二つの違いを意識していない人が圧倒的に多数です。それどころか、自主性のほうに重きを置いている経営者やマネジャーも少なくありません。

先日、あるマネジャーが嘆いていました。

「最近の若い社員は指示待ち人間ばかりで情けない。早く成長してほしい」

これは一見、主体性のある従業員を求めているように聞こえます。しかし、この愚痴に隠されたマネジャーの意図は違いました。彼が言いたかったのは、「やるべきことは決まっているのだから、俺の手をわずらわせる前にさっさと動け」ということ。つまり油をささなくても勝手に動いてくれる組織の歯車として、自主性だけの社員を求めているのです。

残念ながら、自分で状況を判断して最適解を導き出せない従業員からは、感動のサービスが生まれません。自主性のある従業員が多ければ経営者やマネジャーは楽ができるかもしれませんが、メリットはそれだけです。顧客に感動を与えたいなら、従業員には自主性に加えて主体性を求める。このことを忘れてはいけません。

主体性は教育だけでは育めない

私たちが主体性を必要とするのは仕事の場面だけではありません。主体性は、普段の生活においても重要です。まわりの顔色をうかがいながら流されるように暮らしていては、自分の人生を生きている手ごたえがない。自分の人生の主役は、自分です。自分の頭で考え、決断し、行動してこそ、人生は充実したものになります。

とくに若い人には主体的になってもらいたいと思います。人生は一度だけです。それを充実したものにするかどうかは自分の意志にかかっています。

私はセミナーの参加者に、「桜の花を後、何回見られるか？」という質問をよく投げかけます。そんなことを考えたこともないという人がほとんどですが、あえて考えてもらうと、多くの人は、自分に残された人生は短いことに気づいて愕然とします。

人生とは、なんと短いものか。そのことに気づくと、自ら幸せを求めて行動を起こさざるを得ません。主体性とは、自らの人生を楽しくも充実したものにしようという意志から生まれる。私はそう思います。

話を少し戻しましょう。

主体性とは「自分の人生をどう生きるのか」という個人の生きざまのことだといってもいいでしょう。生きざまですから、仕事のときは主体性を発揮して、別の場面では流されて生きるというような使い分けは不可能です。主体性のある人はどの場面においても自ら考えようとするし、そうでない人は、どこの場面でも誰かに依存しようとします。

主体性が仕事だけでなく個人の人生にもかかわってくるとすると、ちょっと厄介な問題が浮上します。

多くの企業は従業員個人の生きざまに干渉するつもりはなく、仕事のときだけ主体性を発揮してくれれば十分だと考えています。企業がリーダーシップ研修などに力を入れるのも、仕事で主体性を発揮してほしいからです。

しかし、人生の主体性に欠けている人に、仕事上で主体性を発揮するノウハウを教えても無駄です。穴の開いたバケツに水を注ぎ込むようなもので、いくら研修を受けさせたところで主体性は身につかずに終わります。

主体性のない人に仕事への取り組み方を変えてもらうには、人生観そのものを変えてもらう必要があります。パソコンでいえば、仕事に使うソフトを変えるだけでなく、OSそのものを入れ替えるイメージです。

ただ、ここで新たな問題が浮かび上がります。企業が従業員個人の生きざまを変えることができるのかという問題です。

私は企業が個人の生きざまを変えることは難しいと考えています。とくに主体性は、会社から言われて身につけるものではありません。会社から指示されて身につけたという時点で、主体的でなくなってしまいます。

主体性は、教えられるものではなく、自分の心の中から自然に発生するものだと思います。「自分は人生をこう生きたいのだ」「これをやることが私の人生のミッションだ」という思いがあって、はじめて主体性は生まれてきます。企業としては、従業員が自分で変わっていくための手助けしかできないのです。

では、どのようなサポートが考えられるのか。

企業にできるのは、従業員が自分の人生について考えるきっかけを提供することです。具体的には、次の三つが考えられます。

「素晴らしい人との出会い」

自分の人生を主体的に生きている魅力的な人が周囲にいると、刺激を受ける。家族や職場の先輩や上司にそうした人がいることが理想だが、学生時代や歴史上の偉人でもかまわない。

「素晴らしい本との出会い」

読書離れが進んでいるが、本がその人の人生に良い影響を与えることもある。推薦図書や自社の取り組みなどが特集された記事などを知らせるといい。

「素晴らしい体験」

職場には、人を成長させる体験があふれている。仲間と力を合わせて何かを成し遂げた体験や、小さな目標をクリアした体験が、主体的に働くこと、主体的に生きることの意味を考えるきっかけになる。

これらのきっかけを継続多重で提供することで、人は自分の働き方や生き方を振り返り、より良い人生を自らの手で切り拓いていこうと考えるようになります。

さらに、素晴らしい体験をしたことに気づく感性を養ったり、従業員が委縮しないように、主体性を思う存分に発揮できる組織文化を醸成することも大切です。

いずれにしても、主体性を教育で植えつけようとしてもなかなか上手くいきません。勉強嫌いの子に勉強を強制すると余計に勉強嫌いになってしまうように、場合によっては逆効果になることもあります。くれぐれもご注意ください。

フルーツポンチ的組織を目指せ

研修で従業員の意識を変えられないとしたら、企業は従業員が自ら変わるのをひたすら待つしかないのでしょうか。

じつは企業にもできることがあります。それは、従業員が主体性を発揮するのを邪魔しない環境をつくることです。

日本企業は個性を持った従業員たちをミキサーにかけて、一つの味にまとめようとする傾向があります。バナナにはバナナの良さ、イチゴにはイチゴの良さがあるのに、すりつぶしてミックスジュースにしてしまうのです。

そのような環境では、主体性を持った人がつぶされて、これから主体性を発揮しようとする人も萎縮します。みんな同じなので管理はしやすいかもしれませんが、従業員に主体性を発揮してもらうという点では最悪の組織です。

理想的なのは、フルーツポンチ的な組織でしょう。バナナもあれば、イチゴもある。さらにパイナップルやスイカもある。それぞれが個性を発揮させたうえで一つの器として調和させるわけです。

こうした組織にしたからといって、必ずしもみんなが自分の持ち味を発揮するとはかぎりません。しかし、少なくても「余計なことはしないでおこう」と萎縮することは防げます。従業員の主体性を育てることは困難でも、自ら育とうとするときに足を引っ張らない。それが大事なのです。

従業員が主体性を発揮しやすい環境をつくる具体的な方法としては、「職場のダイバーシティ（多様性）を促進する」「現場にエンパワーメントをする」「挑戦したうえでの失敗がマイナスにならない評価制度をつくる」といったものが考えられます。

もちろん仕組みを整えたからといって、従業員の意識がガラッと変わるわけではないでしょう。しかし、根気よく環境づくりをしていけば、いずれは主体的に働くことが組織の文化として定着していきます。文化として根づくまでには、それなりに時間がかかるものなので、焦らずじっくり腰を据えて取り組んでください。

インフルエンサーが職場を変える

主体的に働こうとする人にのびのび働ける環境を提供すると、組織の中で化学変化が起こります。主体的に働く人は格好いいし、成果も出せます。その姿を見てまわりも刺激を受け、主体性を発揮し始めるのです。

まわりに影響を与える人のことをインフルエンサーといいますが、主体性についていうと、インフルエンサー一人がまわりに与えるインパクトは、ヘタな研修よりずっと大きい。企業は、そうした人に積極的に活躍の場を与えるべきでしょう。

主体性を持った人の活躍によって、職場の空気が一気に変わるケースもあります。私も、そのことをかつての職場で経験しています。

ディズニーへの転職活動をしているあいだ、私は某大手住宅メーカーで営業の仕事を得て糊口をしのいでいました。配属されたのは、千葉のある支店です。住宅業界は支店ごとに営業成績を競わせる厳しい世界ですが、その支店の成績は可もなく不可もなく。営業マンの多くも、惰性で働いているような雰囲気でした。

その空気を変えたのが、新人の営業マンでした。

入社後、彼は住宅展示場の定休日について店長に質問をしました。支店が担当する住宅展示場のモデルハウスは他のメーカーも皆水曜日を定休日にしていました。業界に染まっていない彼にとっては不可解な慣習に見えたそうです。

「店長、どうして水曜日に休むのですか」

「水曜日はお客様が少ないからだよ。他の会社だって休んでるだろ？」

「そうですか。僕は近所に住んでいますが、休みと知らずに水曜日に見学にくるお客様を見かけましたよ。もったいないから、明日の水曜日も出勤していいですか」

「いいけど、休みがなくなっちゃうよ？」

「どうせ休みは家でごろごろしているだけですから。まかせてください！」

二人の会話を聞いていた先輩営業マンたちは、水曜日にお客なんて来るはずがないと冷ややかな視線。彼は気にもかけずに意気揚々と帰っていきました。

翌日の水曜日。この日は朝から冷え込んでいて、街ゆく人影はまばら。住宅展示場を開けて待っていたものの、昼過ぎまで見学客はゼロでした。

午後に入って、ようやく老夫婦が一組やってきました。しかし、新人の彼は商品知識に乏しく、営業トークもうまくできません。他の社員に頼もうにも、出勤しているのは自分だけ。結局、営業するのをあきらめて、温かいコーヒーを出して、老夫婦と世間話に興じていました。

翌日、見学客は老夫婦一組だけだったことを報告すると、店長以下、先輩営業マンたちは「ほら、言ったとおりだろ」といわんばかりの表情をしました。しかし、彼は意に介さず、翌週の水曜日も住宅展示場を開けるつもりでいました。

土曜日になって奇跡が起こりました。そのご夫婦の自宅を訪問したところ、奥様から信じられない言葉をいただいたのです。

「この前はコーヒーありがとう。次の日もいくつか回って話を聞いたんだけど、あなたが一番、信頼できそうだわ。詳しく話を聞かせてくれないかしら」

このお客さんは結局、その住宅メーカーで注文住宅を建てることになりました。この契約は、彼が入社して初めてとった契約でした。

その後も快進撃は続きます。団地に住んでいる人は、住宅メーカーにとって大切な見込み客。そのため住宅メーカーはチラシを団地に重点的に撒きますが、チラシの撒き方も自分で工夫しました。

「建物一階の集合ポストにチラシを入れても、すぐ捨てられる。読んでもらう確率を高めるには、一戸ずつドアのポストに入れたほうがいい！」

そう考えて団地の一軒一軒にチラシを撒き歩いたのです。

アイデアそのものは、特別に斬新ではないかもしれません。ただ、同じことを思いついたとしても、普通は入口の集合ポストにまとめて入れたほうが楽だと考え、実行に移しません。躊躇せずにそれをやってしまうのが彼のすごいところです。効率よりも効果性を考えていたのです。

目論見通り、この作戦は大成功して、支店への問い合わせも倍増しました。

このころになると、まわりの目が変わっていました。当初は冷ややかに見ていた先輩たちも、「あいつはおもしろい」「参考にさせてもらう」といって、いろいろと情報交換をするようになりました。

極めつけは、基礎現場見学会の提案でした。通常、見学会は住宅が完成間近のときに行います。しかし、彼は「本気で住宅購入を検討しているお客様は、基礎の段階もしっかり見たいはずだ」と考え、基礎現場見学会を開こうとみんなに提案しました。常識外の提案なので普通なら却下です。しかし、彼の実績を知っているみんなは、むしろ乗り気で協力しました。この企画も当たって、月平均五棟だった支店の成績は一気に一五棟まで伸びました。売上は三倍です。

ここで強調したいのは、まわりの変化です。業界の慣習に縛られることなく主体的にアイデアを出していく彼に刺激を受けて、どちらかというと冷めていた先輩社員までやる気を出して自ら動くようになりました。

それだけではありません。それまでは一人一人が営業成績を競いあっていましたが、彼の意をくんで店長が音頭を取ることによって、みんなで協力し合う協働の関係が構築されていきました。

たとえば不動産販売では登記簿謄本などの書類手続きがたくさんあります。従来は一人一人が手続きしていたので、市役所の前に同じ支店の車が何台も並ぶという事態が起きていました。これでは無駄が多いので、チームでまとめて書類手続きをすることを提案。チームプレイに切り替えたことで事務処理時間が短縮され、結果的に一人一人の成績も伸びました。

彼がインフルエンサーとなることによって、みんなの中に眠っていた主体性が引き出され、同時にチームワークも醸成されたのです。

このように、インフルエンサーはたった一人でも組織の風景を変えてしまう破壊力を持っています。

ただし、強い破壊力は諸刃の剣でもあります。日本の組織は予定調和を大事にします。そこに異端児であるインフルエンサーが入ると、不協和音が広がって組織がばらばらになってしまうおそれもあります。その結果、チームワークが取れなくなってしまったらもともこもありません。

インフルエンサーに強い影響力を発揮してもらいつつ、全体の調和をいかに取っていくか。そこは経営者やマネジャーの腕の見せ所でしょう。

第8章

CS向上サイクルで好循環をつくる

ＣＳ向上対策は継続してこそ意味がある

これまでに紹介してきた方法を使って、自社のＣＳが向上したとします。しかし、ＣＳ担当者の仕事はまだ終わりません。高まったＣＳを一過性のものにしないために、ＣＳが継続的に向上する仕組みをつくって運営する必要があります。

ＣＳは、とても不安定なものです。一時的に良くなっても、気を抜くとすぐに下がることもあります。

商品やサービスの質を維持していれば下がるはずがない、という考えは間違いです。第6章の「顧客の期待を超える」でも指摘しましたが、顧客の期待を超える新しい価値を提供しても、いずれは陳腐化して飽きられます。顧客の期待を上回り続けるには、常に商品やサービスを改善していかなければなりません。

社外の環境にも目を配る必要があります。ライバル企業が、自社を上回る価値を提供すれば、相対的に自社のＣＳは下がってしまいます。

市場のニーズそのものが変化することもあります。たとえば数年前まではデフレでコストパフォーマンスのよいものが好まれましたが、景気回復の兆しが見えると、価格が高くなってもいいから高品質なものが欲しいというニーズも出てきました。このように市場環境は刻々と変化します。それを無視して同じ商品やサービスを提供し続けていたら、ＣＳが低下するのはやむを得ないでしょう。

では、どうすればＣＳを継続的に向上させることができるのか。そのためのフローをまとめたものが、「ＣＳ向上サイクル」です。

ＣＳ向上サイクルは、「ミッション」「システム」「行動」「結果」「ニーズの検証」という五つのステップでＣＳの向上を図ります。「ニーズの検証」の次は「ミッション」に戻るので、ここまでやれば終わりという意味でのゴールは存在しません。このサイクルを回すことで、ＣＳ向上に向けた取り組みを着実に継続していくことができます。

ただし、せっかくのＣＳ向上サイクルも、実際に人が動いて回さなければ机上の空論になってしまいます。そのためＣＳ向上サイクルでは、サイクルを回すエンジンとして「主体性」を重視しています。

図6｜CS向上サイクル

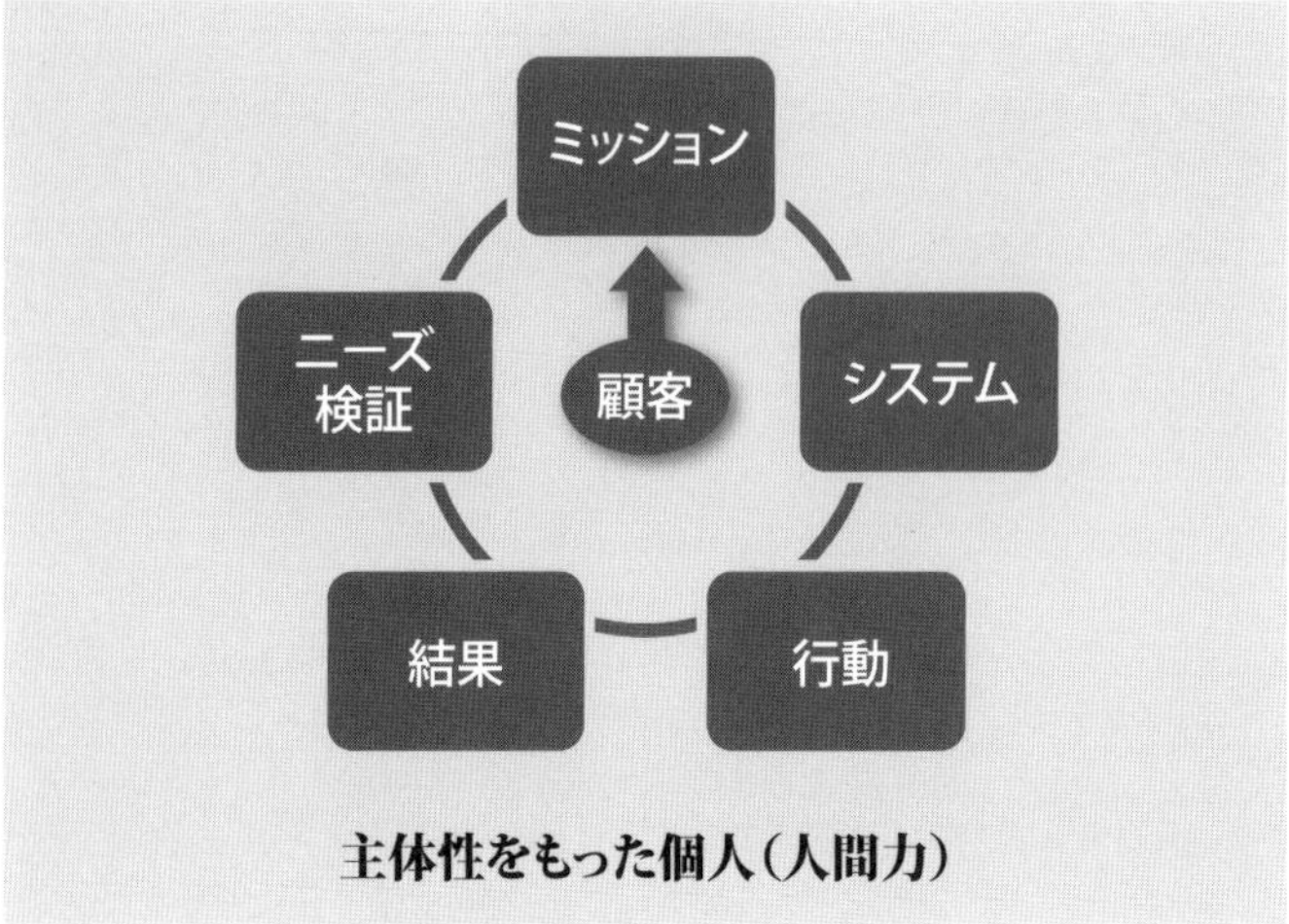

それではそれぞれのステップについて説明していくことにしましょう。

（※図6参照）

①「ミッション」

最初のステップとして、自社の想い（経営理念やミッション）を明確にします。想いの起点になるのは顧客です。私たちは誰を顧客として、どのような想いでビジネスをするのか。それを問うことで、自社が目指すべき商品やサービスの像が明確になります。それを実現することが、CS向上の暫定的なゴールです。

このステップは、CS担当者だけで

行うことが困難です。想いの明確化は、自社の存在意義にかかわってきます。経営層を巻き込んで、あるいは経営層が主体となって取り組むことが大切です。

②「システム」

自社の想いを具体化するための仕組みを整えます。第3章で解説したように、具体的には商品開発、教育、情報共有、人事評価、サービスなどの仕組みが考えられます。

仕組みをつくることは担当者レベルで可能です。ただ、それぞれの部門が勝手に仕組みをつくると、仕組み同士の整合性が取れずにうまく機能しないおそれがあります。これはブレーキを踏みながらアクセルを踏むようなもので、もったいない。各仕組みがそれぞれ機能するだけでなく、相乗効果を生めば理想的です。そのために全体を俯瞰して調整を行う責任者を置くといいでしょう。

③「行動」

整備した仕組みを実行に移します。ここで問われるのは、現場の行動力です。ただ、CS優良企業であっても、すべての従業員が行動力に溢れているわけではありません。

経営者やCS担当者は現場に一〇〇%の行動を求めがちですが、完璧主義でやると、ついてこられない人が続出して破綻しやすい。この点は注意したいところです。

④「結果」

仕組みを実行したら、CSにどのような影響が出たのか。その結果を、各種指標を用いて計測します。CSの調査によく使われるのは顧客アンケートです。自社で集計したり、第三者機関に調査を依頼するなどして、常に自社のCSの状態をモニタリングすることが大切です。そして、アンケート依存に陥ることなく、担当者は自社の現場を確認したり、他社のサービスを体験して目を養うことも大切です。

リピート率も重要な指標です。CSが向上すれば、最終的にリピート率も高まります。近年は会員カードなどの活用でリピート率の計測が容易になりつつあります。積極的に計測すべきでしょう。

⑤「ニーズの検証」

結果を検証して、次のアクションにつなげます。結果が良かった場合は、成功事例として全社で情報を共有します。それによって従業員のプライドは喚起され、さらなる商品やサービスの品質向上につながっていきます。また、成功事例の中で個別のエピソードがあれば、それも従業員間で共有します。事例の情報は、感動のサービスを生むためのヒントになります。

結果が悪かった場合は、原因を分析します。まずチェックしたいのは、ミッション（想い）が顧客のニーズとズレていないかということです。自分たちがよかれと思っていても、顧客のニーズとかい離していればCSは向上しません。また顧客のニーズにとりあえず合致していても、自社らしさを見失ってしまうと、他社と差別化ができずに顧客離れを起こす可能性があります。結果がうまくいかなかった場合は、それらを踏まえてもう一度、自社のミッション（想い）を問い直さなくてはいけません。つまり、①「ミッション」のステップに戻るのです。

なお、結果が良かった場合も最初のステップに立ち戻る必要があります。先ほど指摘したように顧客のニーズは不変ではありません。自社の想いと顧客のニーズにズレが生じていないかどうか、定期的なチェックが必要です。

結果が悪かった原因が、想いと顧客のニーズのズレではない場合も考えられます。たとえば「仕組みが間違っていた」、あるいは「仕組みが実行されなかった」というケースです。この場合は、②「システム」や③「行動」のステップに戻って修正することになるでしょう。

ただし、仕組みや行動に問題があったからといって、自社の想いの定期的なチェックが不要になるわけではありません。②「システム」や③「行動」のステップに戻って応急処置をしつつ、適切なタイミングで①「ミッション」のステップに戻る必要もあります。ここはケースバイケースで対応してください。

⑥「主体性」

このサイクルを回すエンジンとして欠かせないのが、「主体性」を持った個人の存在です。

想いを持つのも人、仕組みをつくるのも人、仕組みを動かすのも人、結果を検証するのも人。CS向上サイクルが人なくして動くことはありえません。すべては、このサイクルを回す人にかかっているといっても過言ではありません。

もちろん、人が介在すればいいという単純な話ではありません。ＣＳ向上は、終わりなき挑戦です。仕事や人生を受け身で考えている人に、おそらく終わりのないサイクルは回せません。ＣＳ向上サイクルを回し続けられるのは、自分の人生を主体的に生きている人だけです。そういった人たちが組織の中にいるかどうか。それによって、ＣＳ向上サイクルの回転力も左右されるのです。

第9章

「ありがとう」の数だけ幸せになれる

CSは組織文化のあらわれ

セミナーや講演を行う仕事の性格上、多くの企業にお邪魔します。そのときによく感じるのが、組織文化の違いです。

企業の中にいる人にはわかりにくいかもしれませんが、外からやってくると、各社が持つ雰囲気はものの見事に違います。上意下達の組織文化が色濃く残っている会社もあれば、体育会的な元気の塊みたいな根性が称賛されるような文化を持っていたり、はたまた締まりがないお友達文化をよしとする会社もある。人の場合は十人十色ですが、会社も十社十色です。

興味深いのは、CS優良企業の組織文化です。程度の差はあるのですが、顧客からの評価が高い企業に行くと、どの会社も、おもてなしマインドに溢れているのです。

どうしてCSが高い企業は社内の雰囲気がいいのか。それはおそらく、他人への思いやりや気遣いが、対顧客だけでなく、社内の仲間に対しても向けられているからで

図7｜CS実現の組織のあるべき姿

	現状の組織	ありたい組織
戦略	**プロダクトアウト**	**マーケットイン**
システム	**クローズド**	**オープン**
構造	**機能分化型**	**マーケット対応型**
風土	**トップダウン**	**ミドルアップダウン**
手法	**コントロール**	**エンパワーメント**
個人	**組織へ依存**	**自立・主体性の発揮**

©Visionary Japan, All Rights reserved.

しょう。相手がお客様だからもてなすではなく、誰に対してもハートフルに接する。そうした文化が組織に根づいているのです。

さて、ＣＳ優良企業によく見られる組織文化は他にもあります（※図７参照）。

戦略面で言うと、ＣＳ優良企業は「プロダクトアウト」より「マーケットイン」の文化を持っています。顧客志向なので、これは当然ですね。同様に、システムは「クローズド」より「オープン」、組織構造は「機能分化型」より「マーケット対応型」です。

さらに意思決定は、「トップダウン」より「ミドルアップダウン」です。つまり中間管理職や現場のリーダーに権限が委譲されていて、突発的な出来事にも臨機応変に対応できる体制が整えられています。同じ意味で、マネジメント手法は「コントロール」より「エンパワーメント」といえます。エンパワーメントされているので、個人の働き方も「組織に依存」より、「自立・主体性の発揮」の文化です。

こうした文化が背景にあると、顧客接点の場面で高いＣＳとして表出するのです。

人を信頼しない組織はＣＳが低い

「みなさんが理想としているのは、どんな職場ですか？　難しい表現でなくていいので、雰囲気を教えてください」

私はセミナーの最後に、必ずこの質問を投げかけます。

表現に若干の違いはありますが、この質問に関しては、おおよそ三つの答えが返ってきます。「明るい」「楽しい」「何でも言える」職場です。続けて、もう一つ質問をします。

「そうした職場の人間関係には、どのような特徴がありますか」

これに対する答えは一つです。ほぼ一〇〇％の受講者が、「人間関係に信頼がある」と答えます。

CS向上には、表に現れない要素として、「信頼」に満ちた組織文化が必要です。お互いが不信の念を抱いている組織では、チームワークが機能しません。さらにいうと、不信が渦巻く組織は、人に対する不信感が根底にあって、顧客に対しても警戒心が先に立ちます。そんな関係では顧客満足はもちろんのこと、「感動」を与えるには程遠いでしょう。

組織に信頼を作るには、二つの方法があります。

第一は、組織として「信頼」を醸成するシステムをつくることです。

ここで注意したいのは、俯瞰的な視点を持ち、生態系的なシステムを構築することです。

たとえば売上や利益に貢献すれば給料やボーナスが上がる人事システムがあったとしましょう。しかし、売上や利益のために、顧客を騙すような営業手法を取っていたらどうでしょうか。当然、コンプライアンスに違反するようなやり方は許されず、まわりとの信頼関係を崩壊させます。

売上増を評価するシステムと法令順守は、車でいえばアクセルとブレーキのようなものです。これをうまくバランスさせて両方がうまく機能するようにシステムを設計しないと、外からは信頼のおけない組織になります。

第二は、個人としての問題です。

組織の中の一個人として信頼性は、二つの要素に分けられます。「人格」と「能力」です。組織人には、この二つのバランスをとって自らの信頼性を向上させる努力をすることが求められています。

人格面では、誠実・努力・率先垂範・忠実・親切・理解・傾聴を具体的な行動で示すことが大切です。言うだけ、考えるだけなら誰でもできます。常に自分の人格は行動にあらわれているという意識を持って、信頼性向上のために努力をすることが大切です。

同時に、業務を遂行する能力も磨く必要があります。いくら人格が優れていても、仕事ができない人にまわりは信頼を置きません。知識・技能・問題解決能力などについて積極的に向上させてこそ、「あの人になら仕事を任せてもいい」と信頼されるのです。

こうした人格と能力の向上は組織の中での信頼を得るだけでなく、顧客からの信頼を得ることにつながります。

「ありがとう」の数だけ幸せになれる

あらためてみなさんに考えてほしい問題があります。

CSを向上させるのは、いったい何のためでしょうか？

CSが高まれば、リピート率も高まって業績が安定します。企業経営において、それはとても重要なことです。

ただ、業績向上と同じく、あるいはそれ以上に大切なこともあります。それは、顧客からの「ありがとう」が、そこで働く人にお金には換算できない喜びをもたらしてくれるという事実です。もちろん顧客が満足したからといって、常に感謝の言葉を発してくれるわけではありません。ただ、たった一言の「ありがとう」が、働く喜び、生きる喜びを与えてくれることもあるのです。

私がそのことを実感したのは、四二歳、東京ディズニーランドのユニバーシティで働いていたころでした。

今だから明かせますが、当時の私は荒んでいました。ディズニーは夢の国ですが、そこで働く人にとっては必ずしも楽しいことばかりではありません。クレーム対策委員会に教育部門の責任者として出席していましたが、ゲストからのクレームの中にはキャスト教育に関するものも多くありました。運営部門の責任者からはユニバーシティへの厳しい指摘も寄せられました。そんなこともあり、かなりストレスがたまり、タバコとお酒が欠かせない日がしばらく続きました。

無理がたたったのでしょう。ある日、心筋梗塞で倒れて、即日入院。命には別状がなかったものの、そのまま二カ月半、ベッドの上でした。

これまで自分なりに一生懸命頑張ってきたが、その結果がこのザマか……。病気になって、私はさらに自暴自棄になりました。しかし、持つべきものは仲間です。ふさぎこんでいる私を心配して、ユニバーシティの仲間が見舞いにきてくれました。見舞いの品は、ゲストからのたくさんの手紙。「私たちの仕事は、これだけ多くのゲストの役に立っている。だから元気を出せ」というわけです。

仲間たちが帰った後、私は一通一通に目を通しました。どの手紙もディズニーへの感謝の思いがつづられていて、読んでいると誇りがよみがえってきます。

なかでも感動したのは、あるゲストからの手紙でした。

ある病気で、「あと数日の命」と診断されたお子さんがいました。本来なら病院で静かに死を待つところでしたが、ご両親は、お子さんが二歳のときに行ったディズニーランドの写真を見て「もう一度行きたい」と目で訴えているように感じたそうです。そこで主治医に相談して一日だけ外出許可をもらい、最後の望みをかなえてあげようと、ディズニーランドに来園しました。

四月二四日。事前に連絡を受けていたディズニーランドでは、バックアップ体制を整えて迎えました。お子さんは好きなショーを見学。ミニーマウスのぬいぐるみを手にして、大満足だったそうです。

ご両親は、駐車場まで送りにきたセキュリティキャストの一言が今でも忘れられないと言います。そのキャストは、あと数日の命という事情を知りつつ、こう言ったそうです。

「また来てくださいね。ずっと待っていますから」

手紙には、お子さんがその後一カ月以上生き延びたことが書かれていました。結びはこうです。

「ミニーマウスのぬいぐるみを見るたびに、とても楽しかったあの日の思い出が蘇ってきます。娘は、とても幸せでした。本当にありがとうございます」

この一言に、精神的にまいっていた私がどれだけ救われたか。

自分がやっていることが、まわりまわって人に幸せを運んでいる。それに対して「ありがとう」というリアクションが返ってくることで、私たちもまた幸せになれる。まさに「ありがとう」の数だけ人は幸せになれるのです。

ウォルト・ディズニーは、かつてこのように表現しました。

「与えることは最高の喜びだ。他人に喜びを運ぶ人は、それによって自分自身の喜びと満足を得る」

日本語のわかりやすい表現を借りるなら「情けは人のためならず」でしょうか。つまりCS向上は、何よりも自分を幸せにするために取り組むべき課題なのです。

これまでCS向上のヒントについて、いろいろと紹介してきました。小難しいところもあったかもしれませんが、本来、CSとはシンプルなものです。

CSとは「ありがとう」の数を増やすこと。

そして、「ありがとう」の数だけ自分もハッピーになれる。

この二つをぜひ胸に刻みつけて、CS向上に努めてください。

おわりに

みなさんは、「ガチョウと黄金の卵」というイソップ童話をご存じでしょうか。

農夫の飼っているガチョウが毎日一個ずつ黄金の卵を産んで、彼は金持ちになりました。

しかし、彼は一日一個では満足できなくなり、卵を一気に手に入れようとガチョウの腹を開けてしまいます。当然ながらお腹の中に卵はなく、ガチョウも死んでしまいます。

農夫は目の前の利益を得ようとして、利益を生み出すもとであったガチョウまで失ってしまったのです。

この教訓は、ビジネスの世界では特に重要に思えます。

ビジネスにおける黄金の卵は、「利益」と「理念の実現」です。最終的な目的は理念を実現することですが、利益がなければ次の投資はできません。投資は自社の理念を具体化するための大切なエネルギーです。

つまり利益は理念実現のための手段として存在しているのですが、昨今は優先順位が逆になり、利益追求が目的になっている企業も多々見受けられます。こうした企業は一見儲かるように見えますが、大事な黄金の卵を産むガチョウを殺してしまうので、すぐに限界がやってきて破綻します。

私たちが大切にしなければいけないのは、ガチョウ本体です。

では、ビジネスにおけるガチョウとは何でしょうか。

従業員や従業員の家族、企業に関わるすべてのステークホルダーですが、第一に「顧客」です。

ピーター・ドラッカーは、すべての企業活動は顧客から始まるといいました。大阪の商人も「商売はお客様に喜ばれてなんぼの世界」といいます。つまり顧客に喜びを与えてこそ、黄金の卵は生まれます。企業にとって大切なのは、目の前の利益を追求することではなく、CS向上策を継続的・多重的に実践すること。それ以外にないのです。

ＣＳ向上に、ゴールはありません。ある意味では、いつまでも終わりが見えない苦しい戦いです。

そこで鍵を握るのが「夢」の存在です。企業に夢がなければ、社員のモチベーションは低下します。夢の内容は様々ですが、たとえば「その業界におけるリーダーになること」でもいいし、「社会からの尊敬を得ること」でもいい。いずれにしても夢があることで社員は勇気づけられ、ＣＳ向上に向けた挑戦にも前向きに取り組んでいくことができます。

最後に、ウォルト・ディズニーが生前に語った、夢の実現に必要な「四つのＣ」をご紹介しましょう。これは個人の夢を念頭に発せられた言葉ですが、企業の夢実現にもそのまま適用できます。私なりの解釈を加えてご紹介します。

「Ｃｕｒｉｏｓｉｔｙ（好奇心）」

↓野次馬的好奇心。この好奇心は別な表現で探究心とも言える。

新しい顧客・商品価値へ並々ならぬ探究心をもつこと。

「Ｃｏｎｆｉｄｅｎｃｅ（確信）」
↓根拠のない自信。新しい価値を発見したらその価値に確信をもつこと。フロンティア精神は確信がなければ発揮できない。

「Ｃｏｕｒａｇｅ（勇気）」
↓覚悟を決める。一歩踏み出す勇気が必要だ。誰も行ったことのない先の見えない航路にこそロマンがある。

「Ｃｏｎｓｔａｎｃｙ（一貫性）」
↓頑固なまでの一徹心。こだわりは、その企業の存続の価値をもたらす。多くの顧客の信頼を勝ち取り従業員には安心をもたらす。

さあ、みなさんの夢は何でしょうか？

大きな夢だからといって恥ずかしがる必要はありません。一見すると荒唐無稽な夢でも、好奇心、確信、勇気、そして一貫性を持つことで、夢の実現は近づきます。

実際、ウォルトの「人々が互いに感動し、心がひとつになる場所を作りたい」という壮大な夢は、ディズニーパークという形で実現しました。みなさんも夢を大事にして、日々の仕事に取り組んでもらいたいと思います。

鎌田 洋(かまた・ひろし)

東京ディズニーランドオープンに伴い、初代ナイトカストーディアル(夜間の清掃部門)・トレーナー兼エリアスーパーバイザーとして、ナイトカストーディアル・キャストを育成する。その後、デイカストーディアルとしてディズニーのクオリティ・サービスを実践した後、1990年、ディズニー・ユニバーシティ(教育部門)にて、教育部長代理としてオリエンタルランド全スタッフを指導、育成する。1997年㈱フランクリン・コヴィー・ジャパン代表取締役副社長を経て、1999年、㈱ヴィジョナリー・ジャパンを設立、代表取締役社長に就任。著者にシリーズ75万部のベストセラーとなった『ディズニー　掃除の神様が教えてくれたこと』(SBクリエイティブ)ほかがある。

ディズニーを知って
ディズニーを超える
顧客満足入門

2014年11月1日　第1刷発行

著　者　鎌田　洋
発行者　長坂嘉昭
発行所　株式会社プレジデント社
〒102-8641　東京都千代田区平河町 2-16-1
平河町森タワー 13階
http://president.jp
http://str.president.co.jp/str/
電話：編集 (03)3237-3732
販売 (03)3237-3731

装　丁　竹内雄二
編集協力　村上 敬
編　集　桂木栄一
制　作　関 結香
販　売　高橋 徹　川井田美景　山内拓磨
印刷・製本　図書印刷株式会社

©2014 Hiroshi Kamata
ISBN978-4-8334-2103-4
Printed in Japan
落丁・乱丁本はおとりかえいたします。